ÉTRENNES HISTORIQUES

POUR L'ANNÉE 1880

UN VOYAGE

DANS LE SUD DE LA VILLE DE BORDEAUX

Par G. D.

Si ce poème est dépourvu de qualités littéraires,
du moins il pourra intéresser la personnalité
d'un grand nombre de ses lecteurs.

26me ANNÉE

PRIX.............. facultatif.

BORDEAUX

IMPRIMERIE DE F. DEGRÉTEAU

10, Rue Margaux, 10.

1880

ÉTRENNES HISTORIQUES

POUR L'ANNÉE 1880

UN VOYAGE

DANS LE SUD DE LA VILLE DE BORDEAUX

Par G. D.

Si ce poème est dépourvu de qualités littéraires,
au moins il pourra intéresser la personnalité
d'un grand nombre de ses lecteurs.

26me ANNÉE

PRIX.............. facultatif.

BORDEAUX

IMPRIMERIE DE F. DEGRÉTEAU

10, Rue Margaux, 10.

1880

AVIS

Il est assez étrange d'offrir au public des étrennes dans le mois de Mars : à toute règle, exception; mieux vaut tard que jamais, surtout quand le retard est légitimement motivé.

Des obstacles que nous n'avons pu franchir, nous ayant obligé à ajourner notre publication annuelle; nous supplions le lecteur obligeant à ne pas s'en plaindre, mais plutôt d'accueillir avec sa grâce habituelle le timide travail que nous lui dédions de grand cœur.

G. D.

ERRATA

1°. — Page 7, 5ᵐᵉ ligne du second alinéa : au lieu de *menudes français,* lisez *menues.*

2°. — page 11, 10ᵐᵉ ligne, au lieu de *gauche,* lisez *du nord.*

3°. — page 17, 6ᵐᵉ ligne, lisez *gauche* au lieu de *droite.*

4°. — page 19, 30ᵐᵉ ligne, lisez *Marché-Neuf* au lieu de *Canteloup.*

5°. — page 21, 32ᵐᵉ ligne, lisez *1822.*

6°. — page 26, 19ᵐᵉ ligne, lisez *Palais-de-l' Ombrière.*

7°. — page 34, 26ᵐᵉ ligne, lisez *croyions* et non *croyons.*

8°. — page 35, 1ʳᵉ ligne, lisez *grass* *matinée.*

9°. — page 37, 7ᵐᵉ ligne, lire *feu* et non *fou.*

10°. — page 39, 15ᵐᵉ ligne, lisez *siégera* au lieu de *siége*

11°. — page 39, 9ᵐᵉ ligne, mettez après le magasin Mestural *et celui.*

12°. — page 39, 18ᵐᵉ ligne, lisez *élégante et pyramidale.* au lieu de *svelte* et *gracieuse* déjà appliqué.

13°. — page 39, 32ᵐᵉ ligne, effacez *il y a cent ans.*

14°. — page 42, 1ʳᵉ ligne, effacez *qui.*

15°. — page 44, 2ᵐᵉ ligne, mettez *du* après *vallée.*

PRÉFACE

L'an dernier, juste un mois après notre publication
annuelle, nous lisions dans *La Gironde* un article très-
satisfaisant à notre égard. Certes, nous avons été fort
heureux, car nous étions loin de nous attendre à la
moindre indulgence des sommités littéraires. Nous
sommes si infimes sur la matière, que nous n'avions
nulle confiance en nos efforts. Hélas ! ce que nous
faisons maintenant, nous l'avons fait autrefois. Et
pourquoi ? parce que nous sommes, dit-on, possédé
du démon d'écrire. — Du démon ! pardon, dites plutôt du plaisir d'écrire, qui nous a toujours dominé
comme l'attrait de bien faire dirige le sage. Heureux
ceux dont les plaisirs ne sont pas contraires à la
morale ! Ceux-ci ne sont pas possédés par le démon:
les autres, oui.

L'article auquel nous faisons allusion terminait en
nous invitant indirectement à faire un second voyage
au dehors de Saint-Nicolas. Ce désir, nous l'avons
accompli. Nous offrons donc cette année à nos citadins
l'ouvrage intitulé : *Un Voyage dans le Sud de Bordeaux*. Puisse le ciel bénir notre travail et nous
accorder pour l'année prochaine tout le bonheur que
nous désirons à nos chers lecteurs pleins d'indulgence
et de générosité !....

G. D.

Sacristain de Saint-Nicolas.

Bordeaux, le 1er Janvier 1880.

UN VOYAGE

DANS LE SUD DE BORDEAUX.

Mon fils, vous souvient-il lorsque, épris de l'amour paroissial, nous parcourions délicieusement les nombreuses voies de notre cher faubourg? Vous souvient-il, lorsque nous transportant dans le lointain des âges, nous contemplions en esprit le séjour de nos pères infortunés gémissant sous le joug d'un mal affreux ? Vous souvient-il enfin des douceurs mentales que nous ressentions en présence de notre saine population et de l'état prospère de nos voies et de nos logis ? Cet heureux voyage, mon fils, fera époque dans notre vie et nous aimerons bien souvent à le renouveler.

Oui, mon cher fils, nous consacrerons chaque année à cet heureux pèlerinage un des jours les plus gracieux de la riche automne. Oui, nous sortirons de notre modeste demeure, et tant que le soleil éclairera nos pas, tant qu'il répandra sur nous sa lumière bienfaisante, nous parcourrons nos voies paroissiales et aussi celles de notre cité.

Mon fils, voici le jour où nous allons effectuer notre second voyage ; l'aurore apparaît, le soleil dore le lointain horizon ; levons-nous, abandonnons notre couche séduisante, brisons ce sommeil où des rêves mensongers nous trompent; allons à la conquête de la lumière et de la vérité.

Et soudain Timagène et Anacharsis délaissent leur toit; ils se dirigent comme l'an dernier vers la place d'Aquitaine. Ils arrivent, l'heure est très-matinale, le silence est profond ; de rares passants distraisent nos futurs contemplateurs, la sérénité du ciel les charme. Timagène réfléchit et observe les lieux qui l'entourent ; Anacharsis attend respectueusement les récits

tendres et pittoresques du vieillard. Après quelques épanche-
ments intimes, le nouveau Timagène parle en ces termes :

Mon fils, cette année nous changerons notre itinéraire, nous
porterons nos pas ailleurs, nous irons vers des voies qui avoisinent nos voies, vers des demeures qui touchent à nos demeures, et aussi vers des monuments que nous ne possédons
pas. Oui, nous irons, cédant à l'invitation étrangère, visiter
d'autres séjours, presser la main à de nouveaux amis.

Voici notre programme : nous entrerons dans la rue de
Candale, nous parcourrons la rue Bigot jusqu'à la place des
Capucins, puis la rue du Hamel et la rue du Portail,
visiterons le Grand-Séminaire, l'Eglise Sainte-Croix, la rue
de ce nom, Saint-Michel, descendrons le quai de la Grave,
irons voir le pont et parlerons des quais ; nous entrerons
sur le cours des Fossés, les suivrons jusqu'à la Cathédrale
que nous visiterons et aussi la Mairie, nous descendrons la rue
du Palais-de-Justice, et nous arrêterons sur la place Magenta
pour en observer les monuments, puis entrerons dans la rue
Jean Burguet, verrons l'Église Sainte-Eulalie, et l'ancienne
caserne Saint-Raphaël que l'on restaure ; puis traversant la
place de l'église, nous suivrons la rue de la Miséricorde, la
place Henri IV, le cours d'Aquitaine, la rue Leberthon, le
passage Brian, et nous arrêterons devant l'École des Frères,
puis nous rendrons, comme l'an dernier, à Saint-Nicolas,
terme ordinaire de nos voyages.

Tel est, mon fils, le programme de notre journée ; puisse le
ciel répandre sur nous sa bienveillante protection ! Dirigeons-
nous maintenant vers la rue de Candale, mais saluons avant
notre départ tous les bons habitants de la place d'Aquitaine et
aussi nos chers paroissiens de Saint-Nicolas. Suspendons
notre départ quelques instants ; une remarque et une anecdote....... Nous remarquons que le café de la Faculté a pris
du ton depuis l'an dernier ; l'anecdote, la voici : c'était sous
le règne de Louis-Philippe, un homme ivre se trouvait
devant la porte d'Aquitane, tout-à-coup il lève la tête et aperçoit sur la pointe du fronton le drapeau tricolore flottant au
gré d'un vent des plus furieux : « Ah ! maudit drapeau, dit-il,
demain, tu seras blanc, » et la foule de rire. Cet homme, mon
fils, disait vrai. Et voilà comment la force du vent de la nuit
suivante avait enroulé le blanc du drapeau à la hampe et totale

ment déchiqueté le rouge, donc il ne restait plus que le blanc.

Marchons vers la rue de Candale dont nous connaissons déjà le nom célèbre. A notre droite, en sortant de la place, nous sommes attristés en présence de l'hospice des Incurables détruit sans résultat. Ah ! si nos vœux pouvaient être entendus, que nous serions heureux ! Faites-donc, Messieurs les Édiles, une voie à l'est, parallèle au cours d'Aquitaine et une seconde voie à l'ouest, parallèle au cours Saint-Jean et vous produirez ainsi deux lignes croisées du plus bel effet, beauté que l'on voit souvent dans Paris.

Voici la rue de Candale. Cette courte voie possède d'assez beaux logis : celui de Mme Veuve Massoutier, côté est, jouit d'une grande importance. L'institution Dubosc paraît y être bien assise, Houmeau, le marchand de papiers en gros, y séjourne depuis de longues années, la sellerie Delrieux, la Compagnie générale de déménagement, la Fabrique de cadres de M. Cazeaux et autres industries y font des affaires, voilà pour le présent. Quant au passé, nous avons l'ancien clocher des Augustins encore debout depuis près de trois siècles; il sert maintenant à la fabrique du plomb de chasse. C'est ordinairement le sort de nos monuments élevés. Le couvent des Augustins fut établi en ces lieux par le Cardinal de Sourdis en 1604; François de Candale, évêque d'Aire, un de ses fondateurs, y avait son tombeau qu'on disait être d'une grande beauté, mais ce tombeau fut détruit en 93 et les religieux chassés. Cette maison conventuelle possédait un assez large périmètre. Mon fils, entrons dans la rue Bigot et souvenons-nous de ce nom, car il nous rappelle celui d'un grand bienfaiteur de notre ville. Voici la rue David Gradis. Gradis mort en 1811, avait la réputation d'un grand savant et d'un homme de bien, honneur à sa mémoire ! Cette petite voie a été en partie incendiée il y a quelques années. A quelque chose malheur est bon, la rue David Gradis a été avantageusement restaurée ; on y remarque maintenant les jolis hangars de la verrerie de la Meurthe. A notre droite, c'est toujours l'emplacement des Incurables; mais à gauche, c'est autre chose. Voyez, mon fils, l'usine Ariès, cette maison élevée et à façade originale est un vrai trompe-l'œil, on croirait d'abord à une nouvelle église des Augustins. Désillusionnez-vous, innocents pèlerins: il n'y a ici que des chiffons.

Il y a quelque temps, un accident déplorable eut lieu dans cet établissement : un plancher sans doute trop surchargé croula tout-à-coup, trois personnes y trouvèrent la mort. Une cérémonie bien douloureuse eut lieu dans l'Église Saint-Nicolas, où M. Ariès donna des preuves de son bon cœur.

Les maisons qui suivent sont en bon état ; une seule paraît dater du siècle dernier ; mais allons à droite. Nous voici en présence de l'usine Bouysse précédée d'un débris des murs de l'ancien Bordeaux. Ici, on fond les métaux les plus durs, on les façonne, on les convertit en ornements de toutes sortes : jugez de l'ardeur des brasiers ! Ne nous approchons pas, mon fils, nous fondrions sans résultats. La façade de cet établissement n'est pas belle, sa physionomie est bien caractéristique, on dirait le Tartare. Cette mine satanique influe sur la maison voisine, les murs en sont bronzés : heureusement, c'est la maison du maître très-belle d'ailleurs; le balcon est ornementé des produits de l'usine. Nous sommes maintenant sur un point qui a des souvenirs. En face de nous est la continuation de la rue Bigot ; à notre gauche, la rue Gratiolet, à quelques mètres devant nous, la rue Leyteire à droite et à gauche. Ici est le centre du carrefour qui avait nom autrefois *Fagnas*, terme gascon. C'était là qu'était la porte du Mirail fermée vers la fin du 16e siècle; les murs de ville arrivaient de Saint-Julien jusqu'ici, se prolongeant ensuite vers Sainte-Croix. Il y a environ quinze ans, on voyait encore une partie de cette muraille bordant les derrières de l'hospice des Incurables. Mais parlons de la rue Gratiolet, arrivant du quartier du Mirail. Cette petite rue est très-ancienne ; elle portait aussi le nom de *Fagnas*, puis celui de rue des Augustines à cause d'un couvent bordant le côté ouest de ladite rue. Aujourd'hui elle a nom Gratiolet, et il s'y fait beaucoup de commerce ; on y remarque la serrurerie Billard, la ferblanterie Chamau, la quincaillerie Bonneau et une foule d'autres ; de plus, on y trouve une jolie chapelle dite du Saint-Cœur très-fréquentée. Nous voici dans la rue Leyteire : cette voie part du cours des Fossés et arrive au cours Saint-Jean en face de notre rue Saint-Jacques. En 1825, la rue Leyteire partant des Fossés n'arrivait qu'à la rue Permentade, une centaine de mètres remplis par de vieilles constructions la séparait des rues Botanique et Letellier qui devaient être son prolongement sud. Cette percée se fit, et la rue Leyteyre devint ce qu'elle est actuellement : les noms de Botanique et Letellier ont disparu dans notre langage depuis 1850, mais on les voit encore gravés sur les vieux murs. Il nous souvient avoir traversé en 1824, avec notre bonne mère; un long corridor pratiqué dans les vieilles maisons qui interceptaient la rue Leyteire. Cela nous rappelle le charmant passage Larigaudière, reliant en 1836, l'ancien Poisson-Salé avec la place Saint-Projet, évitant ainsi aux piétons le contour de la rue Marchande.

La rue Leyteire possède de beaux immeubles dans son long parcours, mais son alignement laisse à désirer. Les cochers, les marchands de chevaux, les pensions même de chevaux, les maréchaux-ferrants et les selliers n'y manquent pas. Le loueur de voitures Lajeunesse père y est fort connu et a sans doute remplacé le sieur Abadie dont nous n'entendons plus parler ; d'autres industriels sont aussi en nombre dans cette voie, et c'est avec plaisir que nous citons la sellerie Farge, Bories le traiteur, Gayrin, toiles métalliques, Ignar, tourneur, Meynieu, vins et spiritueux, etc.... Parmi les rues qui sillonnent cette longue voie, nous distinguons les rues Permentade, Bergeret et Saint-François. Cette dernière l'emporte, elle a été commencée par M. de Tourny dans les terrains achetés aux Cordeliers. On remarque dans cette voie une longue ligne de maisons uniformes à trois étages ; la place des Cordeliers qu'elle clôture est aussi un lieu modèle ; les édifices sont les mêmes, hors la maison Sabatier qui les dépasse tous en beauté. Sur cette place, un bureau de poste est établi depuis longtemps. Les Cordeliers vinrent à Bordeaux vers l'an 1230 ; on leur fit bâtir une église en 1247, dans la suite il y eut scission entre'eux, ils se divisèrent en Observantins et en Conventuels ; la primauté échut aux Observantins par l'intermédiaire de François 1er. Le nom de rue de l'Observance, tout près de là, provient de ce fait.

Mon fils, ne nous écartons pas, suivons la seconde partie de la rue Bigot. A notre droite, est le Couvent de la Doctrine Chrétienne d'une très-longue étendue, la maison est fort modeste et cependant assez élevée, une simple croix sur la porte d'entrée la distingue des maisons voisines. En face quelques logis plus ou moins réguliers, puis un dépôt de bois de chauffage et de charbon, contraste : la laideur physique en présence de la beauté morale ! et à notre gauche, la petite rue Baurein dont le nom nous rappelle un célèbre historien de Bordeaux : hommage à sa mémoire ! L'extrémité de la rue Bigot possède quelques immeubles sortables, mais peu entretenus.

Entrons, mon fils, dans la place intérieure des Capucins : rien de plus animé, le marché arrive jusqu'ici, on entend des cris, des colloques, voire même des gros mots ; la vente des comestibles s'y opère activement. Observons, mon fils, la physionomie de ces lieux malgré le tapage. Voilà d'abord la porte des Capucins dite Porte-Neuve; M. de Tourny la fit bâtir en 1744, parce que les rues de Bègles et des Terres-de-Bordes, nouvellement percées n'avaient pas d'issues assez rapprochées pour entrer dans le sud de la ville ; cette ouverture donna beaucoup d'aisance au public. On ouvrit presque aussitôt la vaste place du marché au bétail, puis la route d'Espagne de nos jours.

La Porte-Neuve est loin d'avoir le même aspect que celle d'Aquitaine ; elle est beaucoup plus basse et se trouve presque dominée par les maisons voisines; son épaisseur, qui en fait un vrai passage, lui donne une physionomie très-lourde. Quant au dessin, il est en petit celui de la porte d'Aquitaine sauf le fronton qui n'est pas dégagé, étant appliqué sur un plan qui nous paraît intermédiaire.

On parlait il y a environ vingt-cinq ans de la démolition de cette porte; déjà on avait enlevé les guichets latéraux, mais on s'est arrêté là et l'on a remis aux calendes grecques ce que l'on aurait dû faire promptement. Ajoutons à cette démolition opportune le prolongement de la rue Clare jusqu'à Saint-Michel et nous aurions l'avantage de procurer à ce quartier le plus agréable coup-d'œil et l'amélioration la plus complète.

La place intérieure des Capucins forme un demi-cercle; les maisons sont régulières;quatre rues convergent sur ce point:la rue Bigot d'où nous venons,la rue Bergeret,la rue Clare au centre et la rue Duhamel.La rue Bergeret,autrefois des Carmélites, porte le nom d'un célèbre imprimeur de notre ville. Elle date du deuxième accroissement. Beaucoup d'industries et de commerce : le magasin de mercerie de Mme Pottié est immense; après viennent la papeterie Royon, le fleuriste Lafargue, le restaurateur Ranzy, la rouennerie de Mme Gendre , la chapellerie Laroussinie, etc. Les maisons de cette voie sont toutes élevées et bien alignées. Entre les rues Bigot et Bergeret avance, comme une isthme, la pâtisserie Madeux, anciennement Branger. Ce dernier était poète et si ses gâteaux étaient bons, ses vers n'étaient pas mauvais ; le temps a moissonné ce contemporain du spirituel Hugon. Après la rue Bergeret, gérance de tabacs et gérance de substances pharmaceutiques : ces deux maisons ne manquent pas de clients. Voici la rue Clare tirant son nom d'un vieux couvent dédié à Sainte-Claire. Cette voie très-courte et aussi fort claire aboutit au Maucaillou, espèce de carrefour fort peuplé. Beaucoup d'industrie en ce lieu entre lesquelles nous remarquons Tressier, commerce de vins, Pageot, papetier, Boué, cafetier, Desmarets, meubles, Klotz, bijoutier, Daste, quincaillier, Mesnier, poterie, Froment, chaussures, Griffoul, ferblantier et beaucoup d'autres. Après la rue Clare, vient la rue Duhamel : Lavergne, le mercier placé au premier angle nous présente un capucin pour enseigne. Certes il ne pouvait mieux choisir; cette mercerie fait beaucoup d'affaires. A l'angle suivant est l'importante épicerie Saugeon ; on va là comme à la fontaine, et qui plus est, on n'y casse pas sa cruche : cette épicerie jouit d'un grand renom. Ladite maison est très-belle, deux charmants étages terminés par un entâblement garni de balustres. Mon fils, remarquons le parallèle de cet immeuble au côté opposé où l'on trouve le café Tauzia et un beau magasin de lingerie. Ces deux maisons étouffent, pour ainsi dire, la porte des Capucins.

Mon fils, entrons dans la rue Duhamel née Marbotin. Cette voie paraît bien habitée ; elle possède d'assez beau logis. A notre gauche voici la rue Saumenude partant de la rue Clare. Cette petite voie tire son nom d'un couvent de religieuses appelées *Sœurs menudes*, en gascon *Saus menudes*, la rue Duhamel traverse le terrain de ces bonnes religieuses. A quelques pas plus loin, mais à droite, est la rue Marbotin renaissance ; cheminant quelque pas : on trouve à gauche, la rue des Vignes pendant de la rue Cruchinet de notre paroisse; elle arrive à la rue Sainte-Croix toute imprégnée du jus de Bacchus, les tonneliers y fourmillent, la rue Duhamel a quelques magasins et

ateliers ; celui de M. Hangarter, tailleur des Séminaires paraît
très-actif. Nous arrivons sans encombre à la place du Séminaire, place triangulaire nous offrant malgré son exiguité cinq
industries assez apparentes et deux rues ; là nous voyons
M. Grillé, travaillant aussi pour le Clergé, puis Bellou-
guet, charcutier, Flamand épicier, et autres. Les deux rues sont
celles de Nérigean allant à la rue Sainte-Croix et la rue Traver-
sane aboutissant au Maucaillou, après s'être heurtée contre la
rue Planterose de désagréable odeur. Ces voies sont très-anciennes et très-habitées. Mon fils, gardons-nous de passer dans la
rue *Traverse...âne.* Tournons maintenant notre attention vers le
Séminaire, ancienne demeure des PP. Capucins. Cet établissement est muré, un grand portail avec fronton et pilastre
s'ouvre pour les voitures, puis une petite porte pour les piétons ;
justement cette dernière se trouve libre et nous apercevons
à l'intérieur, Auguste, l'ancien domestique de la maison. Entrons, mon fils, nous aurons là un cicérone. A droite, deux vieux
arbres nous apparaissent, ils ont été dit-on, plantés par les bons
Pères en pensant à Philémon et Beaucis ; à gauche est l'ancienne
chapelle du Séminaire servant rarement ; il va sans dire qu'elle
n'est point négligée. Entrons dans la maison, loge du portier à
droite ressemblant une grotte de Saint ; en face, une salle de réception, à gauche large corridor conduisant à une belle cour.
Nous y arrivons : enclos carré entouré d'un péristyle, logement
au-dessus mais en retrait ; au centre de la cour une belle Vierge
reine, debout sur un trône gothique entourée de fleurs et de
verdure. Après quelques instants de contemplation, Auguste
nous dirige vers le sud où se trouve un second corridor menant
à une seconde cour ; là nous rencontrons un jardin quasi
luxueux encadré de hautes habitations très-modestes, vis-à-vis
et toujours au sud, une terrasse gracieuse semble nous inviter
à la gravir. Cette terrasse n'est autre que les vieux remparts
d'autrefois abandonnés à nos bons moines par les aimables municipaux d'alors. Nous y montons par un escalier demi-circulaire
et nous nous trouvons bientôt devant un petit monument renfermant une seconde statue de la Vierge, à laquelle nous
rendons nos hommages ; nous parcourons la terrasse en son
entier sous un berceau de verdure et sur un gazon qui nous
charme, quelques fleurs çà et là nous parfument ; aux extrémités de la dite terrasse sont deux statues, l'une de saint

Joseph l'autre de saint Jean, le disciple bien-aimé, nous leur adressons nos vœux. Auguste nous imite. En côtoyant ainsi ces vieux remparts jadis ensanglantés et nous tournant vers le nord, nous nous trouvons en présence de trois cours : la première, que nous apercevons par un étroit passage, est celle où les philosophes discutent et pérorent, la seconde au centre, celle des théologiens rêveurs et inquiets, enfin la troisième à l'est des deux premières est un grand jardin potager où se trouve la nouvelle chapelle bâtie depuis quelques années et étrennée par les membres du Congrès catholique en 1876.

Nous descendons dans cette dernière cour attirés par la fraîcheur et la verdure et aussi par les attraits divins. Auguste nous montre les beaux fruits et les bons légumes, mais un prêtre vénérable autrement sérieux nous montre le chemin de la chapelle. Nous cédons à cet offre.

Le saint édifice nous présente le flanc ; il est élevé et d'une assez longue étendue, deux rangs de fenêtres étroites, une toiture ardoisée et au bas de son chevet une bâtisse circulaire; la façade est tournée vers le nord, mais masquée par une construction jugée indispensable cachant l'entrée du lieu saint. Cependant nous distinguons sur le haut de la façade, dont le sommet simule un fronton, quatre contreforts, une belle rose au centre, plus haut fenêtre géminée. Entrons, mon fils, d'abord dans le petit vestibule, puis dans l'église. Nous voici rendus sous la tribune formant porche ayant deux supports et trois arceaux, belle nef, triples stalles de chaque côté pour les lévites, étroits bas-côtés ornés de forts piliers formant arcades en supportant d'autres avec tribunes ornées de jolies galeries ; les piliers se ramifient jusqu'à la voûte qu'ils soutiennent se fondant en colonnettes, en arcs et en arêtiers sans nombre ; dans le fond, pourtour orné de cinq chapelles environnant le maître-autel très-riche où l'on remarque un fort joli reliquaire vitré. Le tombeau de feu M. Larrieu, dernier directeur du Séminaire, est renfermé dans la chapelle du Sacré-Cœur ; au-dessus de la dite chapelle située derrière le maître-autel, apparaît une Vierge, inspirant par sa pose et son éclat la plus ardente piété. Vitraux en bas et en haut ; à chaque arcade, dix-huit statues de Saints placées sur des consoles adhérentes aux piliers, le vitrail, au-dessus de la tribune vide est de toute beauté, l'orgue est placé sur le côté droit au deuxième arceau. Nos remarques faites et nos prières aussi, nous sortons satisfaits.

Mon fils, les Capucins ont été établis en ces lieux en 1601, par le Cardinal de Sourdis qui bénit leur église en 1609. Ce couvent fut rebâti en 1758 : 45 ans après ces religieux furent spoliés. En 1806, après les mauvais jours, Mgr. d'Aviau plaça dans cette maison le Séminaire diocésain. Depuis cette époque un grand nombre de prêtres y ont été ordonnés recevant les leçons inappréciables de MM. les directeurs suivants: Lacroix, Vetchman, Losse, Cartal, Carbon, André Hamon, Combes, Rony, Hamon 2d, Chapt, Larrieu et le vénérable directeur actuel. Aujourd'hui, la maison est telle qu'elle fut bâtie il y a 130 ans sauf la chapelle nouvellement construite. Nous sortons, laissant Auguste qui nous paraît très-enclin aux choses culinaires.

La dernière partie de la rue du Hamel, autrefois rue Française, est très-convenable; une seule industrie y existe, c'est l'ancienne charpenterie Bordenave, tranformée en magasin de bois de construction.

Nous arrivons à la place de la Monnaie où se trouve l'ancien hôtel de ce nom, bâti sous M. de Tourny; les Ursulines y sont établies depuis le commencement de ce siècle ; la place est fort gentille ; ledit hôtel a deux étages, huit fenêtres en façade, la porte d'entrée très-large et d'une forme carrée n'est pas placée au centre du bâtiment, mais plutôt en face de la rue de la Monnaie, toutes les maisons de cette petite place sont régulières et élégamment bâties. Voici la rue du Portail conduisant à la belle Église Sainte-Croix ; elle est traversée par la rue Berrouet portant le nom d'un curé célèbre ; oui, M. Berrouet fut le véritable restaurateur de l'antique église des Bénédictins. Nous dépassons cette rue, et dans peu nous arrivons sur la place Sainte-Croix.

Mon fils, nous voici devant cette basilique tant réputée ; plaçons-nous en face et contemplons : le bas et le centre de l'édifice nous présentent un avant-corps peu saillant ; il est orné d'un magnifique portail roman aux arceaux gradués et garnis de sculptures, où l'on remarque plusieurs figures symboliques, à droite et à gauche, deux portes simulées également ornées, deux arcatures au-dessus de chacune de ces deux portes, le tout terminé par une ligne bien sculptée ; au-dessus de l'avant-corps, nombreuses arcades. Au centre, étroite fenêtre surmontée d'un cadran entouré de quatre grandes niches ayant chacune deux saints ; au sommet, fronton avec une autre niche contenant le Bon-Pasteur; une aile très-médiocre de chaque côté. A droite du monument, petite tour terminée en pignon adhérente à une partie irrégulière de la façade où l'on remarque un cavalier terrassant un monstre, sous ce dessin deux niches encore et enfin portes latérales très curieuses. De chaque côté, formant encadrement , apparaissent deux belles tours carrées dont celle de gauche a été construite récemment par l'ordre de M Bérouet. Tout ceci est d'un bel aspect. Allons maintenant, mon cher fils, contempler l'intérieur, prenons au bénitier l'eau lustrale et soyons toujours hommes de foi. Trois belles nefs s'offrent à nos regards, voûte très-élevée, soutenue par de très-forts piliers. Dans le fond, maître-autel très-beau ayant un sanctuaire large et profond inspirant bien l'idée de l'infini, sainte table de marbre, chœur derrière l'autel, bas-côtés se terminant par deux chapelles dont l'une dédiée à la Très-Sainte-Vierge, et l'autre au Sacré-Cœur, magnifiques orgues, belle tribune, fonts-baptismaux et autel de S. Mommolin, à gauche en entrant; tableaux en petit nombre, autels dignes, chaire modeste. En général, l'église est dépourvue de détails d'ornementation, mais son aspect est grave et majestueux. Sortons, mon fils, et continuons notre intéressant pèlerinage. Nous voici sur la place Sainte-Croix depuis longtemps dégagée des vieilles constructions qui l'encombraient ; tout est net et le promeneur peut à l'aise contempler le saint édifice et aussi le voisinage qui l'entoure. A droite du monument est une petite promenade ornée de bancs et d'arbres officieux, une croix de pierre, *Spes unica*, complète ce séjour mystérieux. Reposons-nous ici quelques instants, mon fils, et examinons les abords de la place : cinq rues y aboutissent intercalées de maisons diverses. Commençons par le sud où se trouve l'hospice des Vieillards ; cette maison tient à l'église, c'est l'ancienne demeure des Bénédictins ; les jardins et une partie des bâtiments longent la rue du Fort-Louis jusqu'aux Abattoirs et ont une largeur considérable. Au fond de la rue sus-nommée, on aperçoit les dits abattoirs d'animaux succédant au vieil abattoir d'hommes, nous voulons dire le Fort-Louis, bâti sous le règne de

Louis XIV pour mettre à la raison les habitants de Saint-Michel et de Sainte-Croix qui s'insurgeaient périodiquement. Après la rue du Fort Louis, la place fait équerre et laisse voir une maison religieuse où l'innocente jeunesse apprend à connaître Dieu, la première de toutes les sciences. Voici la rue du Noviciat où se trouve la maison curiale de Sainte-Croix et où siégeait, il y a cent ans, le noviciat des Pères Jésuites. Cette petite voie nous rappelle le bon M. Poitevin père, instituteur. Cet homme était en grande réputation de vertu, il est mort il y a trente ans béni de tous. Suivons : voici l'auberge Tilha et l'épicerie Ringuin: avec ces deux maisons on peut facilement vivre ; puis la rue du Portail et la rue Sainte-Croix que nous allons parcourir. A notre droite, se trouve la rue du Port aboutissant au quai et illustrée autrefois par une porte de ville dite Sainte-Croix. Le reste de la place nous présente la vaste chaudronnerie Gueit et Bonnefond puis les affreuses rues Brennet et Acan, enfin un prolongement hideux, longeant l'église au nord. Franchement, la mine ou autre chose d'aussi violent devrait détruire cet affreux repaire qui semble rapprocher l'enfer du ciel. Espérons.....

Mon fils, faisons l'histoire de l'Église de Sainte-Croix. Cette église date dit-on de 650, et servait avant cette époque de temple païen. Vers la fin du septième siècle, S. Mommolin, abbé de Fleury-sur-Loire, reçut l'hospitalité chez les bons religieux possesseurs de la basilique naissante. Il y mourut et y fut enseveli. Les Sarrasins, au commencement du siècle suivant, ruinèrent le temple vénéré et en chassèrent les saints maîtres, mais tout revint en son premier état, quelques années plus tard. Dans le IXe siècle, ce fut plus grave : les Normands, dits *pattes-croches*, dévastèrent non-seulement le monastère mais encore la ville de Bordeaux qu'ils occupèrent pendant soixante ans, mais la main de Dieu n'abandonna pas son sanctuaire : les Normands se retirèrent alléchés par une proie que Charles-le-Simple sut leur livrer prudemment.

Les Bordelais rebâtirent leur ville et Guillaume-le-Bon, duc d'Aquitaine, en 897, fit réparer l'église Sainte-Croix et ses dépendances, puis rappela les religieux; ce fut alors que les deux nefs latérales furent jointes à la grande nef et que le clocher du sud fut élevé. Depuis cette époque, cette basilique devint très-importante. Elle avait autorité sur un grand nombre de monastères et même d'églises, et contrebalançait la puissance des Archevêques de Bordeaux : les églises Saint-Michel, Saint-Macaire et plusieurs autres cherchèrent maintes fois à se soustraire à son obéissance, mais elles ne le purent qu'après de longs siècles.

L'Abbaye de Sainte-Croix était aussi paroissiale ; on y baptisait en grande partie tous les enfants de la ville de Bordeaux. En 1305, elle fut enfermée dans les nouvelles murailles et le père abbé fut créé cardinal par le pape Clément V, ancien archevêque de notre cité. Nous avons visité les plus anciens registres de la paroisse Sainte-Croix, mais nous n'avons pu remonter qu'à 1632 où M. l'abbé Desforges était curé de ladite église. Ses successeurs furent MM. Fouquet de Fenis, Forès, Leymarie, Monevy et Larrieu, prêtre assermenté, ancien curé de Saint-Nicolas où il est mort en 1816. Depuis la rentrée du clergé en France, l'église Sainte-Croix a eu pour pasteurs : MM. Soupre, Guyonnais, Berrouet, Coiffart, Hirigoyen et Galibert aujourd'hui régnant. Voilà, mon fils, l'histoire de ce saint monument.

Dirigeons-nous maintenant vers la rue qui porte son nom. Cette rue doit remonter au quatorzième siècle et plus, car si les murs de la ville furent reculés vers le midi en 1302, c'est que sans doute il y avait déjà de nombreux quartiers bâtis ; les rues qui y aboutissent sont aussi très-anciennes hors les rues de Saint-Benoît et des Bénédictines qui doivent avoir été ouvertes sur les terrains du couvent spolié. A l'entrée de la rue Sainte-Croix, il y avait un hôpital pour les pauvres malades comme nous en avions un jadis à Saint-Julien. Nous traversons la rue de la Monnaie autrefois rue Anglaise. A notre droite, nous découvrons le fleuve, le quai, la rive et les côteaux lointains dans l'arceau de la porte de la Monnaie. C'est un charmant coup-d'œil. Toujours à droite, nous avons les rues Carbonneau, Beysac, Andronne, Le-Reynart et des Fours; à gauche, les rues Berrouet, Nérigean, des Vignes, des Bouviers et Planterose. Toutes ces voies et aussi celles que nous par courons sont composées de vieilles maisons et mal entretenues; la maison des numéros 42 et 44 de la rue Sainte-Croix est une belle pièce : beaux balcons, deux étages. entablement digne, sculptures et moulures diverses; mais, hélas ! c'est une belle figure aux traits profanés par le désordre. Cependant donnons à chacun son mérite : il y a du commerce dans cette rue et les industries aussi n'y font pas défaut, et c'est avec plaisir que nous signalons en passant la quincaillerie Creysac, la fabrique de sandales Bompart, l'épicerie Dehaut, la raffinerie Abribat, l'horlogerie Benzin, la pharmacie Bourgnignon, l'aubergiste Bourbon, etc. Une pensée nous vient dans l'esprit, mon fils : oui la rue Sainte-Croix, malgré sa supériorité commerciale et industrielle a une certaine analogie avec la rue Saint-Jacques de Saint-Nicolas : beaucoup d'enfants sales et négligés, grand tapage, attroupement devant les portes, repas pris sur les seuils, jeux, commérages et tripotages, ajoutez-y des Gitanes et vous aurez une physionomie identique pour les deux voies susdites. La rue Planterose, qui devrait être en état de parfum constant, ne vaut pas certes notre rue Beaufleury.

Nous arrivons en vue de l'Église Saint-Michel, et débouchons dans la rue des Allamandiers ; à gauche, un laid immeuble, formant île, nous barre le passage. Patients édiles, faites abattre cette maison et vous rendrez service à ce quartier. Avançons et repaissons-nous des beautés architecturales qui s'étalent à nos yeux. Mon fils, voici l'église et le clocher Saint-Michel. Admirons d'abord l'église ; elle nous présente le flanc et en même temps une belle façade, nous voulons dire la porte-sud du transept, beau portail ogival orné de sculptures, tourelles et clochetons encadrant la façade, fronton très-élevé, d'où paraît une niche avec l'ange gardien, élégante arcade, beau vitrail au-dessous, nombreuses ornementations.

Le flanc à droite de la porte du transept nous montre de belles fenêtres ogivales et flamboyantes, de jolis contreforts avec galeries intermédiaires, ornements divers, la toiture de la grande nef très-élevée, celle des bas-côtés divisée en frontons, les corniches terminant les murailles et les clochetons coquets surgissant de toutes parts ; tout cela émeut le cœur d'un sentiment pieux et divin.

Mon fils, voici le magnifique clocher restauré à grands frais il y a environ quinze ans. Cet édifice le plus élevé du sud et de l'ouest de la France fut bâti de 1472 à 1492 ; son érection coïncide avec la découverte du Nouveau-Monde. Sa pyramide renversée en 1768 par un ouragan n'a été réparée que de nos jours, ses contreforts nouvellement construits servent de base à six statues colossales représentant saint Paulin, saint Delphin, les papes Clément V et Paul II, puis le cardinal de Canteloup et Pey-Berland. Le caveau souterrain est célèbre par la propriété qu'il a de conserver les corps; 40 squeletttes y sont montrés aux curieux. Il y a environ trente ans, ce clocher servait à reproduire des correspondances télégraphiques. Un fort mécanisme placé dans cette tour privée de sa flèche, faisait mouvoir des pièces de bois exprimant certains signes lesquels, transmis de distance en distance, faisaient ainsi parvenir les nouvelles sur les points désignés en bien moins de temps que par les plus alertes cavaliers. La télégraphie est aujourd'hui bien plus expéditive étant faite par le moyen de l'électricité.

Entrons dans le charmant square qui environne la tour; là, nous contemplerons la principale façade de l'église Saint-Michel. Mon fils, ladite façade est située au couchant : portail ogival divisé un plusieurs arcs où pullule la sculpture la plus délicate; au-dessus du portail, lignes peu remarquables; plus haut, magnifique rose surmontée d'un cadran contenus dans une arcade; au-dessus, fronton avec un S.-Michel, puis campanile et cloche servant de timbre. De chaque côté, se dressent deux tourelles terminées en clochetons et riches de charmants détails. A droite et à gauche, belles fenêtres geminées et contreforts intercalés. Entrons, mon fils, dans cette demeure céleste. Le temple est très vaste, très-élevé et d'un travail admirable ; les piliers qui soutiennent ce grand corps sont gigantesques, ornés de colonnettes, et de jolis chapiteaux, la voûte est sillonnée en tout sens d'arcades d'arêtiers innombrables, la nef centrale est très-étroite, les bas-côtés sont de même largeur et sont bordés de riches autels renfermés par de belles grilles ; magnifique chaire, couronnée d'un saint Michel vainqueur; transept ayant deux entrées formant façade, l'une au nord l'autre au midi; belle rose ou vitrail sur chaque porte, brillant d'un éclat ravissant. Vitraux beaux et nombreux, maître-autel richement décoré et surmonté, comme la chaire, d'un saint Michel terrassant le démon, autels latéraux sur le même plan assez remarquables, sacristie en sous-sol très-vaste. Chemin de croix sculpté, anges, statues diverses. Une st⁰ Ursule très-intéressante, etc.

Parmi les chapelles latérales de Saint-Michel nous distin-

guons celle des Montuzets, fondée en l'an 1460 par le roi
Louis XI. Ce roi avait une dévotion particulière à saint Michel;
aussi quand il visita Bordeaux en ladite époque se rendit-il
dans cette église. Il y établit une société de mariniers, leur
donnant pour lieu de réunion une chapelle autrefois dédiée à
Saint-Fort qu'il échangea en celui de Notre-Dame des
Montuzets.

Cette chapelle est fort remarquable. En 1818, la confrérie
la restaura à ses frais. En 1825, le roi de Naples la visita
et déposa son offrande. En 1854, le comte de Peyronnet,
ancien garde des sceaux sous Charles X, fit don d'un vitrail ;
aujourd'hui il ne reste de cette chapelle qu'un célèbre souvenir. Nous visitons les sacristies déblayées depuis environ
vingt-cinq ans; elles sont vastes et ont plusieurs ramifica-
tions sous la basilique; on y descend par un large escalier, et, lorsque le clergé monte vers l'autel dans les cérémonies solennelles, on dirait les premiers chrétiens sortant
des catacombes après trois siècles de persécution. Le déblaye-
ment de ces sacristies a été opéré sous le pastorat du digne
Curé actuel qui assista, il y a cinquante-six ans, à la consécra-
tion de notre chère église de Saint-Nicolas.

Sortons, mon cher fils, mais non sans adresser une prière
au Tout-Puissant. Allons maintenant nous reposer au pied
du géant des édifices modernes, et conversons : Quand nous
étions jeune, cette place dite du Marché-Neuf avait un tout
autre aspect : les traces d'un cimetière séculaire étaient
encore récentes, la tour que vous voyez, mais mutilée, se
trouvait enfermée dans ledit cimetière clôturée de murs et de
vieilles maisons parmi lesquelles était l'ancienne école des
Frères de Saint-Michel. Une porte au sud et une seconde au
nord fermaient durant la nuit l'enclos funèbre ; le jour, la
circulation y était constante. Une croix de pierre, hélas ! aujourd'hui reléguée, recevait à chaque instant les salutations
des personnes pieuses; tel était alors, mon fils, ce lieu où vous
voyez maintenant un charmant square. Les temps ont bien
changé, l'emblème de l'espérance a succédé aux signes de
douleur et de mort. Aux abords de cet ancien champ de deuil
siégeait, tous les lundis une espèce de foire qu'on avait la
bonhomie d'appeler marché neuf quoique l'on n'y vendit que
des vieilleries. Maintenant, observons la belle place et son

gracieux jardin qui se développe au devant de la basilique.
Le square est divin, il rajeunit tellement le quartier qu'on ne
se douterait pas que la paroisse Saint-Michel fût si âgée.
Quant aux maisons qui bordent la place, commençons-en
l'inspection par la rue Sainte-Croix d'où nous sommes venus.
La rue Sainte-Croix tient à sa droite la rue Ducasse, très-ancienne ; devant cette voie qui part du Mau-Caillou, mauvais
caillou, est située la place Canteloup, nom d'un de nos anciens
Archevêques. Cette place fut jadis un lieu d'exécutions crimi-
nelles à l'époque des insurrections qui éclatèrent trop souvent
dans ce quartier. Dureteste, le chef des fameux Ormistes, lors
des guerres de la Fronde, y fut exécuté en 1653 et sa tête
demeura 23 ans plantée au haut de la tour de l'Ormée.En 1675
trois hommes y subirent le supplice du feu. Ce fut en vain
que M. Espinasse, curé de Saint-Michel intercéda pour ces
malheureux.

Après la rue Ducasse et la place Canteloup se dessinent,
tournant vers l'ouest, la place du Marché-Neuf, assez belle
maison,au sud de cette place quelques magasins et hôtelleries
Nous arrivons à la rue Dasvin, ancienne rue des Herbettes
aboutissant à la vieille rue des Andouilles, souvenir du meur-
trier Camalet. Nous voyons d'ici, mon fils, dans la rue Dasvin
une salle d'asile très-apparente; ici, rendons hommage à la
mémoire du saint abbé dont la rue porte le nom; ce fut un
des anges gardiens de la paroisse Saint-Michel. A ceux qui
voudraient être renseignés sur les vertus de ce saint prêtre,
nous les renverrons au vénérable auteur de sa vie, bien
connu. Ici, la place fait équerre vers le nord et nous présente
quelques maisons peu régulières, puis l'impasse Ste-Cadène,
enfin la rue St-François dont nous avons vanté ce matin les
beaux domiciles. Le second angle de ladite rue se fait remarquer par le magasin Avinein, artiste-illuminateur et lampiste
réputé, puis le magasin Ferrand, marchand de porcelaines en
tous genres. Il y a environ quarante ans que ce commerce
existe sans se briser, c'est fort surprenant. Nous voici maintenant devant l'ancienne rue des Faures où jadis, dit-on, les
forgerons dominaient ; les temps sont différents : à la place de
l'enclume et du marteau, nous trouvons des matelas. C'est
bien plus doux. On dit encore qu'autrefois, lorsque les pro-
cessions passaient dans cette voie, les marchands de linge de

ménage étendaient sur le sol des pièces de toile ou de calicot, puis au-dessus, à la hauteur des fenêtres, on couvrait la rue de la même étoffe. C'était, convenons-en, une marque de foi bien grande. La rue des Faures, qui possède en ce jour beaucoup de magasins de meubles, a aussi des immeubles qui ne sont pas à dédaigner, les maisons y sont fort élevées et fort jolies. En fait d'industriels et de commerçants, nous citons : Amiot, Refrégier, Roger, Lauton, Salvy, Courrèges, Rieux, tous marchands de meubles, Daban fils, laines et plumes, Aunis, pâtissier, Mégivet, fondeur, Brune, denrées, Thomasson, voilier, Phesans, horloger, Cavé, doreur, Rougier, chapelier, etc. Autrefois la rue des Faures était bornée entre les Fossés et la place du Marché Neuf ; mais maintenant elle s'étend plus loin, elle traverse la place dudit marché, passe devant la porte nord de St-Michel où était la rue Pichadey et arrive au quai de la Grave, telle est aujourd'hui la rue des Faures, mais continuons notre inspection. Le côté nord de la place du Marché-Neuf portant le nom de rue des Faures possède des rez-de-chaussées assez intéressants et aussi des maisons sortables. On y remarque des magasins, des cafés, des débits commerces et industries. Mon fils, bornons là notre tournée et laissez-moi vous raconter en peu de mots l'histoire de la basilique St-Michel qu'on trouve inscrite dans l'intérieur de l'église. Cette basilique a été construite ou grandement améliorée vers l'an 1150 par les soins de la dame d'Olezons, femme très-généreuse. En premier lieu, l'église Saint-Michel relevait de Saint-André, mais plus tard elle fut soumise à Sainte-Croix. Vers l'an 1460, Louis XI la visita comme nous l'avons déjà dit de plus, il ordonna la construction de la tour qui ne fut commencée que 12 ans après. Ce clocher auquel était jointe une flèche, avait 100 mètres de hauteur. En 1665, Louis XIV en ordonna la démolition pour punir les habitants de leur rébellion, mais il révoqua plus tard son arrêt. En 1768, un fort ouragan abattit sa flèche et il n'a fallu rien moins que le pastorat de M. le Curé de St-Michel actuel pour lui donner sa physionomie native. Quant à l'Église, de grandes améliorations ont été faites depuis peu de temps, ce qui nous porte à dire que si M. Berrouet a été le restaurateur de l'église Sainte-Croix, il est un autre pasteur qui l'a été aussi de l'église Saint-Michel.

Quittons, mon fils, le square et dirigeons-nous vers le quai
de la Grave en passant par le prolongement de la rue des
Faures. Nous voici devant le portail nord de l'église St-Michel
Il faut l'avouer, cette façade l'emporte sur les deux autres; le
portail est assez bien conservé, presque tous les Saints y
sont sous leurs dais, l'archivolte surtout est complète au-dessus du portail : galerie supportée par d'élégantes arcatures et
ornée de saints personnages. Au-dessus de la galerie : rose
flamboyante mais peu volumineuse contenue dans une magnifique arcade, triangle avec une niche, hélas! vide. Deux tours
riches de travail maintiennent cette belle façade, le flanc
nord de l'église est très-étendu, beaucoup de contreforts
alternés de fenêtres géminées et flamboyantes. Le haut de
l'édifice est des plus attrayants. Autrefois, mon fils, les abords
de ce monument dans cette partie étaient fort obstrués, plusieurs maisons en cachaient les charmes, mais l'heure du dé-
blai a sonné : aujourd'hui, tout est net, la dignité du saint bâtiment est entièrement sauvegardée, le chevet de l'église est
aussi dégagé. Une place, appelée Duburg, nom d'un ancien
curé très-apprécié, a eu raison de ce quartier inabor-
dable où siégeait un abatoir de chèvres qui était bien
loin de donner de la gaieté à ce séjour très-populeux. Nous
traversons la place Duburg et nous réjouissons de toutes ces
innovations, déplorant le sort de nos pères qui ont eu à
souffrir tant d'incommodités. Le prolongement de la rue des
Faures nous décèle encore des industries et des commerces
notables, nous voyons entr'autres l'hôtel Réolais, Lacourtiade,
libraire, Bassière, droguiste, Clément, marchand de porcelaines, Bassillou, épicier, Brun, confectionneur, Bonassies,
pharmacien. Ces deux derniers sur la place Canteloup.
    Nous débouchons sur le quai. Ici, était la porte de la
Grave bâtie lors du dernier accroissement, en 1302 ; cette
porte et celle de Sainte-Croix ont été démolies par ordre de
M. de Tourny qui les remplaça par la porte de la Monnaie
aujourd'hui devenue inutile... Nous sommes sur le quai de la
Grave. Quel beau spectacle s'offre à nos yeux, mon fils ! à
droite et à gauche des édifices imposants et majestueux, en
face un beau fleuve, un rivage des plus attrayants et des
côteaux enchanteurs, une rade où pullulent de beaux
navires, une multitude de barques gracieuses, de rapides

bateaux à vapeur transportant nos voyageurs et nos marchandises dans tous les lieux, un pont incomparable. Avançons, mon fils, vers le rivage et visitons patiemment ces mille beautés que plusieurs oublient dans leurs plaisirs ou dans leurs soucis. Voici d'abord la fontaine de la Grave, petit monument très-ancien. C'est un fût de colonne brisée mais terminée par une imitation de plantes aquatiques; cette fontaine peut avoir cinq mètres de hauteur sur deux mètres cinquante centimètres de diamètre, la base est très-large, elle est surmontée d'un socle d'où part le fût imitant une guirlande de feuilles de chêne. Portons nos lèvres, mon fils, à cette source providentielle; cette eau bienfaisante nous disposera à un premier goûter. A deux pas d'ici, entra par une brèche faite aux murs de la ville, en 1549, le duc de Montmorency pour venger la mort de Tristan de Monneins, lieutenant du roi. Ce lieu est appelé la brèche, il est situé, dit-on, à l'entrée de la rue des Allamandiers. Sur le quai, vers le sud et non loin d'ici, était autrefois une seconde fontaine ; les eaux en étaient si bonnes qu'on avait donné à ce lieu, peu remarquable du reste, le nom de la Font-de-l'or; elle n'existe plus depuis bien du temps, mais les vieillards se la rappellent.

La rive de la Grave est située au déclin sud de la culée du pont. Là, partent et arrivent chaque jour beaucoup de bateaux du haut pays, apportant à Bordeaux du vin, du blé, des fourrages, du fruit, du bois et autres marchandises ; le commerce s'y opère très-activement. Remarquez aussi, mon fils, les bateaux à vapeur existant depuis 1825, mais en plus grand nombre aujourd'hui. Voyez aussi les bains dits École de Natation d'une utilité des plus grandes. Cette sorte d'établissement est la sauvegarde des mœurs et de la vie de bien des jeunes-gens qui s'exposent toujours avec trop de témérité. Merci aux initiateurs.

Mais hâtons-nous, mon fils, de voir le pont. C'est une véritable merveille. Traversons, le gracieux marché aux fruits aspirons en passant les odoriférantes émanations qui s'échappent de ces mille corbeilles et bénissons la Providence de tous les bienfaits dont elle nous comble ; suivons maintenant le parapet élevé à son plus haut point d'environ 12 mètres au-dessus du rivage et contemplons les magnifiques arches de ce pont phénoménal.

Nous voici rendus, le pont se présente devant nous avec ouverture d'au moins dix mètres de chaussée; de chaque côté et à l'entrée sont de légers pavillons servant autrefois de bureaux pour le péage; mais aujourd'hui que le public est affranchi de cette sorte d'impôt, ces pavillons sont utilisés pour la surveillance. De chaque côté de la chaussée, sont de beaux trottoirs bordés d'un garde-fou, et de distance en distance, des reverbères éclairent le voyageur pendant la nuit. La longueur du pont est de près de 500 mètres; à ses deux extrémités, une haute et vaste culée soutient son équilibre et lui donne en même temps une grâce incontestable.

Mon fils, une petite histoire à ce sujet ne peut que vous intéresser. La pensée d'un pont devant Bordeaux remonte en l'an 1766 où plusieurs personnes se la communiquèrent réciproquement. On songea d'abord à l'établir devant la place royale, point culminant du croissant du fleuve et en même temps point central de la ville. MM. Tridaine et Dupré s'en occupèrent sérieusement, l'un en 1772, l'autre en 1782. Les idées de ces deux intendants n'aboutirent pas; de plus, la Révolution mit fin à tout projet d'embellissement et d'amélioration. Ce ne fut qu'en 1808, que partant pour l'Espagne, Napoléon Ier dit sur la place Bourgogne en désignant le fleuve : « Il faut faire un pont, là. » Vivement impressionné par un ordre si autoritaire, nos édiles toujours alertes se mirent à l'œuvre, et en 1810, les travaux commencèrent; mais ce ne fut qu'en 1819 qu'ils furent sérieusement entrepris et que nos ingénieurs se décidèrent pour un pont fait en maçonnerie de pierres de taille et de briques.

En attendant son entier achèvement, on fit un pont dit de service qui fonctionna près de deux ans ; enfin, dans le courant de l'année 1823, le pont fut livré au public moyennant péage, lequel péage a pris fin par ordre de Napoléon III, après 40 ans de durée. Le pont de Bordeaux, nous dit un auteur, est composé de 17 arches reposant sur 16 piles et culées, les 7 arches du milieu sont égales mais les dix autres présentent une progression décroissante. A partir de la troisième arche, le pont incline légèrement sur les deux rives.

Sous les trottoirs règne un long corridor et chaque pile

contient certains espaces intérieurs qui donnent l'avantage de surveiller le travail du temps, de remédier aux dégradations et de se précautionner contre l'avenir. Le pont de Bordeaux, depuis son inauguration, a subi plusieurs modifications superficielles : dans les premiers temps, la chaussée n'était nullement pavée, un terrain battu lui donnait un aspect moins urbain et aussi plus susceptible d'être envahie par la boue, les trottoirs et les garde-fous étaient plus élevés et les escaliers à très-longues distances offraient certaines incommodités. Plus tard, ces escaliers régnèrent dans toute la longueur et enfin disparurent pour faire place à des côtés plus bas et plus faciles à franchir. La surface desdits trottoirs était en cailloutage de diverses couleurs, mais leurs aspérités avaient des inconvénients. Ce genre de mosaïque jeta quelquefois l'alarme : des plaisants disaient que le pont avait cédé et cela était vrai. il avait C. D., mais en cailloux, initiales de son principal ingénieur, M. Charles Deschamps; aujourd'hui, cette plaisanterie n'existe plus, le sol des trottoirs n'ayant aucun dessin. Les reverbères garnis à l'huile s'élevaient distancés, terminés par une volute assez gracieuse, tout cela est changé aujourd'hui, le pont est en très-bon état quand même. On y passe comme sur une route ordinaire sans craindre le danger. Voilà, mon fils, ce que nous avons à dire touchant le pont de Bordeaux dont notre ville peut à bon droit se montrer fière.

Jetons maintenant les yeux au-delà de ce chef-d'œuvre et contemplons d'ici les grandes beautés que nous pouvons apercevoir. Voyez à notre gauche, la belle gare du Nord et tout le mouvement qui s'y opère ! voyez ces nombreux et beaux logis qui l'avoisinent! En face de nous est la belle avenue de Paris que nous pouvons à peine distinguer, mais que nous connaissons. Cette avenue précédée d'une magnifique place, conserve sa ligne droite jusqu'au pied de nos vieux côteaux, toujours jeunes et toujours reverdissants ; de beaux édifices bordent cette magnifique voie et de charmants paysages se déroulent de chaque côté. A notre droite est la vieille Bastide, aujourd'hui rajeunie par de grandes améliorations : bientôt son église sera remplacée par un gentil monument; plus à droite, admirons mon fils, ces gracieux rivages où la verdure des vieux arbres se marie à la jeunesse des charmantes habitations riveraines. Et puis, nos riches côteaux au loin couronnant ce luxueux tableau, complètent le coup d'œil et charment le cœur et l'esprit des amateurs de la belle nature. Autrefois, mon fils, sous les Romains, la Garonne baignait presque le pied de ces jolis tertres, les vaisseaux de nos aïeux les touchaient, leurs chaînes s'amarraient à ces vieux rocs (des anneaux de fer y ont été trouvés scellés). Les capitaines du vieil âge y abordaient, puis se répandant sur ces monts, ils y cueillaient des rameaux verdoyants et parfumés qu'ils rapportaient dans leur patrie. Aujourd'hui la Garonne rapprochée de nous a, par le temps, accentué notre vaste croissant maritime appelé jadis le Port de la Lune. Saluons, mon fils, avant de porter nos pas ailleurs les modestes églises et aussi les demeures isolées que nous apercevons assises sur ces magnifiques côteaux. Ces temples saints conduisent l'homme au ciel, les demeures l'abritent sur la terre.

Descendons maintenant, mon fils, la culée du pont et allons au café de l'Aurore pleins d'espérances, préluder au confortable déjeuner

Nous voici lestés comme disent les marins; sortons et revenons au même lieu que ci-devant. Nous allons, mon cher fils, prendre bientôt le cours des Fossés; mais avant je vais vous parler de nos quais de droite et de gauche et aussi de notre belle rade. Et d'abord, voyez mon fils, la marine bordelaise ; il semble que le pont soit là tout exprès pour diviser en deux catégories sensibles cette multitude de logis flottants. Au sud sont les modestes barques, les bateaux de peu d'importance: le commerce des localités peu éloignées, en un mot, les petits voyages; mais au nord, c'est différent : c'est la richesse maritime, ce sont les gros navires, les forts bâtiments, les vaisseaux, les grands voyages. Voyez, mon fils, cette forêt de voiles, de mâts et de cordages, voyez ces arches nouvelles abritées contre des déluges partiels, pourvues de provisions et de ressources. Voyez cette force, ce luxe, cette beauté, puis ces hardis marins s'agitant dans tous les sens et se perdant dans la mâture où ils travaillent surtout au moment du danger. Voyez, mon fils, ces hommes, ils sont vos frères, ils exposent leur vie pour vous procurer le confortable et les mille douceurs qui vous sont nécessaires ; admirez leur dévouement, et dans ce dévouement, la bonté de Dieu qui ménage à l'homme des hommes qui se font gloire de servir leurs frères. Oui, mon fils, la rade de Bordeaux est un beau spectacle et en même temps la fortune de notre cité.

Mais, hélas ! à côté de ces brillants avantages, n'oublions pas les douleurs et le deuil qui l'accompagne : de bien déplorables accidents surviennent chaque jour en ces lieux même où vous voyez tant de splendeurs. Que de malheurs ! que de morts funestes, nos chroniques n'enregistrent-elles pas ? il n'est pas de période où les eaux n'engloutissent quelques victimes ne produisent quelques collisions, quelques naufrages, quelque incendie en un mot quelque malheur ; tantôt ce sont des froids intenses qui glacent nos rives, tels que les hivers de 1709, 1789, 1830 et 1871 ; tantôt ce sont des incendies, entr'autres celui que le pétrole occasionna il y a quelques années où la majeure partie de nos bâtiments fut détruite. Tantôt encore ce sont des vents déchainés engloutissant nos navires où les heurtant les uns contre les autres. Ah ! mon fils, vous le voyez, il ne faut pas tant compter sur les beautés qui nous frappent, qui nous charment. Tout n'est que vanité et douleur sur la terre, il faut savoir tout accepter pour le ciel... Parlons un peu de nos quais. Que vous semble de ce beau croissant où se développe de plus en plus la gloire le commerce et les industries ? Y a-t-il un plus beau port dans ce monde ? une plus belle rade, une cité plus apparente et en même temps plus réelle ? Non, nous ne le croyons pas. On nous cite Constantinople, Goa, Bordeaux, oui Bordeaux l'emporte sur ces villes par la forme, la régularité, la beauté et surtout par sa qualité de ville française.

Il y a deux siècles, mon fils, nos quais étaient monotones, déserts, de hautes murailles et des portes sinistres chassaient toute gaieté et toute possibilité de commerce progressif.

Deux cales seulement subsistaient devant Bordeaux, celles des Salinières et de la douane, le reste des quais était impraticable et il fallait attendre la marée montante pour pouvoir aborder ; aussi tout était morne et silencieux. Il y avait cependant aux portes de ville quelque peu d'animation, du mouvement, mais tout cela extrêmement borné à cause de l'état de choses considéré non pas comme irrémédiable, mais comme ne pouvant être différent. On n'avait pas la pensée, le sens de l'amélioration. Enfin au commencement du dix-huitième siè-

cle, on comprit la situation anormale, on vit l'inutilité des
murailles, la gêne de leurs fossés, la laideur de la rive et surtout l'inoportunité de cette clôture affreuse enserrant une population vigoureuse et pleine de courage qui faisait depuis longtemps crever pour ainsi dire les murs dans sa véhémente
ardeur, de liberté et de progrès et cela était vrai physiquement.
Entre les portes de ville on voyait certaines issues étroites que
le peuple avait pratiquées, par là bien souvent on sortait et on
entrait sans que les édiles s'y opposassent. Par ce fait, les portes devinrent moins utiles ; de plus à cause du long repos des
fortifications on s'était permis de bâtir des petites maisons près
des portes de ville et même d'en adosser aux remparts. Cet
espèce de laisser-aller où les autorités fiscales pouvaient trouver leur bénéfice, contribua à la fréquentation des quais, puis
au commerce et enfin à l'amélioration des lieux. Les édiles en
présence de ce développement, fait sans intention préalable,
ouvrirent enfin les yeux et virent le bon parti que l'on pourrait en tirer. Vers 1730, ils conçurent divers plans, ils arrê-
tèrent d'abord qu'une ligne de maisons uniformes serait construite de la porte du palais de la Cour des Aides, à la porte du
Chapeau-Rouge, que la porte Despaux serait démolie pour ou-
vrir la place royale et qu'on y élèverait la statue équestre du
roi régnant. Ces travaux furent en partie exécutés ; mais il
était réservé à un homme de génie de les terminer. A son ar-
rivée à Bordeaux, M. de Tourny vit d'un seul coup l'avantage
qu'on pourrait tirer de la démolition entière des murailles
et de l'amélioration des quais. Fort de cette pensée, il fit bâtir à la place de ces ruines la belle ligne de maisons que nous
voyons aujourd'hui ; par ce moyen il créa un port dont
le renom, à tous les points de vue, eut un retentissement
universel qu'hélas ! nos révolutions politiques ont para-
lysé mais jamais détruit. M. de Tourny supprima les vieilles
portes des Portanets du pont Saint-Jean, de Saint-Pierre
Despaux et Chapeau-Rouge ; il conserva seulement celle
du Palais bâtie en 1495 en mémoire de la bataille de
Fornoue gagnée par Charles VIII; il remplaça la porte Despaux
par l'achèvement de la place royale, et celle du Chapeau-Rouge
par l'érection de la Porte royale qui fut détruite ainsi que
plusieurs autres, en 1797 par les patriotes voulant s'armer de
piques. Celle des Salinières fut remplacée par la porte
Bourgogne.

Voilà, mon fils, ce que j'avais à vous dire touchant la situation de nos quais du Nord. Ce grand travail exécuté par M.
de Tourny fut le prélude des travaux postérieurs dont nous
jouissons maintenant et dont nous aurions joui plus tôt si nos
discordes n'y avaient mis obstacle.

On le sait, M. de Tourny fit bien d'autres travaux que ceux
relatés ici, mais constatons ce qu'il fit sur notre rive : il mit la
dernière main à l'hôtel de la Douane, à la Place royale, à la
statue équestre de Louis XV et il fit bâtir la Bourse, pendant
dudit hôtel de la Douane, ces deux édifices font de ce lieu
le plus beau point de notre cité, mais revenons à nos portes
anciennes et expliquons-en leur titre. La porte des Salinières
dont nous parlerons tout à l'heure, était appelée ainsi à cause
du commerce du sel qu'on faisait en ce lieu et aussi des
marchandises salées qu'on y débitait. Celle des Portanets
était consacrée au bétail, et comme on y transportait des petits
ânes, (anets en gascon) qui suivaient les ânesses laitières, on
appela ce lieu, porte des Portanets : porté-anets. Celle du
Palais provient du voisinage du palais de la Cour des Aides.
Là, le commerce du métal vierge et travaillé s'y faisait activement et celui des farines ; on en voit encore aujourd'hui des
marques. La porte Despaux avait un commerce plus modeste
on transportait par là tout le bois taillé en perches, bâtons, et
paus, paous en gascon. de là, la porte Des-paus. (porte
Dos-paous). Celle du Chapeau-Rouge avait tout simplement
sa cause appellative dans une ancienne auberge dite au Chapeau-Rouge ; de tous ces noms ce dernier est le plus réputé
mais celui de Despaux a été entièrement oublié. Voilà, mon
fils, ce que j'avais à vous dire touchant l'identité de nos
vieilles portes de ces quais qui s'étendaient autrefois devant
elles et des transfigurations qui se sont opérées en ces lieux
depuis le siècle dernier.

Revenons maintenant, mon fils, sur les monuments moins
anciens ou nouveaux que nous remarquons le long des quais
dont nous venons de parler, et tout d'abord, contemplez cette
belle et longue façade, ces rez-de-chaussées tous occupés
par des commerçants de tous les genres. Voyez à une certaine
distance le beau cours d'Alsace et Lorraine dont nous vous
parlerons plus tard. Un arc de triomphe placé à l'embouchure
de ce cours, aurait, selon nous, une raison d'être, il adoucirait

au moins quelque peu la cruelle brèche faite à cette ligne que
nos étrangers admirent, plus loin est l'ancienne place
royale aujourd'hui de la Bourse. Cette place est la plus belle
de notre cité ; deux beaux édifices parallèles et remarquables
par leurs riches frontons et leurs jolis campaniles, pavillon central de toute beauté ; maisons splendides, riche uniform-
mité, bancs et candélabres, kiosques, et gazons entourés
d'une grille élégante donnant à cette place une grâce incontestable, nous dirions bien innocente, mais la fontaine
placée à son milieu nous fait biffer ce mot ; grâce sur
grâce, nous avons là la fontaine des grâces semblable en
un certain sens au soleil : on ne peut la fixer sans en
avoir le regard blessé. Hélas ! pourquoi n'avor pas mis à
un sujet chrétien et non mythologique ? La réponse est bien
péremptoire, c'est que l'esprit catholique en apparence n'exis-
et plus, le paganisme semble revenir à flot et il revient mais il
est surveillé par un Argus sage et divin. Longtemps avant
cette fontaine, il y en avait une élevée en 1828, mais elle a été
transférée depuis près de 40 ans sur la place du Palais. Le
siècle dernier, on remarquait sur celle de la Bourse la statue
de Louis XV plus deux fontaines adhérentes à deux portes gril-
lées construites par M. de Tourny ; ces monuments ont été
détruits par la fureur populaire aux époques néfastes. Après
la Bourse se trouve le cours du Chapeau-Rouge ; ce quartiers
mon fils, est magnifique, il s'annonce d'abord sur le quai,
vertical par la place Richelieu bien nommée ; un peu plus loin
sont les Quinconces, ancien emplacement du château Trompette démoli au commencement de ce siècle ; une des pierres
de ce fort a servi de base première à notre chère église de
Saint-Nicolas.

Les Quinconces sont un vaste terrain entouré d'arbres
plantés symétriquement entre lesquels apparaissent comme
de vrais fantômes les statues de Montaigne et de Montesquieu.
A l'extrémité ouest un large bassin circulaire contient un fort
joli jet d'eau sous lequel voguent bien souvent de légers navires enfantins. De très beaux edifices environnent largement
cette majestueuse esplanade qui sert maintenant de champ
de foire en Mars et en Octobre. Près de la rive, voyez d'ici les
colonnes rostrales, nous allions dire d'Hercule. Ces géants
matériels servent de phare la nuit à notre port ; leur vue ras-

sure le navigateur étranger attardé sur les flots. Après les Quinconces, est l'entrepôt des marchandises puis les Chartrons, vaste et riche quartier considéré comme un autre Bordeaux. Le nom de Chartrons provient, comme l'on sait du long séjour que firent les Chartreux dans ces parages. Ils en sortirent en 1620 pour s'établir à Saint-Bruno, terrain qu'ils vinrent à bout d'assainir par leur patience et leur ardeur au travail. Leurs anciens emplacements couverts de maisons basses aux toits pointus furent vendus et exploités, depuis ce temps, le commerce maritime aidant, on a fait de ce quartier un des plus riches points denotre cité. Le nom de Pomme d'Or donné à l'une de ses rues en est une preuve incontestable, la nouvelle église que l'on vient de construire et don nous voyons d'ici les flèches coquettes témoigne, aussi de sa richesse. La rue Raze où jadis, dit-on, un grand nombre de perruquiers faisait leur résidence, termine le quai vertical. Ce quai commence à l'hôtel de la Douane et contient des machines curieuses : 14 grues y sont établies, enlevant des fardeaux de 12 à 15 mille kil., il y a une machine à mâter fournie par la Chambre de commerce et plusieurs autres moyens de rendre commode le débarquement des arrivages. Quelle différence avec le passé ! Bacalan qui suit les Chartrons est aussi un quartier très-vaste; il tire son nom du grand nombre de vaches qui y paissaient. De vache allant, on en a fait baque-allant : Bacalan. L'église Saint-Martial en est la paroisse, elle a été bâtie en l'an 1826 sur le style de Saint-Nicolas. La nouvelle paroisse Saint-Remi clôt notre voyage mental, là notre mission s'achève.

Maintenant, mon fils, avant d'abandonner ces lieux, tournons nos regards vers le sud de la rive et parcourons-le aussi mentalement : de la Grave, nous en avons parlé, mais nous ne quitterons pas ce point sans vous dire qu'aux évènements de 1814, le général Troplong fut tué en cherchant à défendre la cause royale qui devait encore avoir de nouvelles vicissitudes. Le porte Satnte-Croix suivait à une certaine distance celle de la Grave, elle était située sur le quai à l'entrée de la rue du Port. Cette porte avait un étage au-dessus surmonté d'un pignon.

A l'angle de la rue Peyronnet était la tour Sanguinenge, terme rappelant les scènes sanglantes de nos luttes du moyen-âge. C'est là que se terminait Bordeaux fortifié dont on voyait, il y a vingt ans, les vieux murs et les fossés encore baignés de leurs eaux. Après la rue Peyronnet, voyez, mon fils, l'hospice des Enfants-Trouvés. Ce vaste établissement, que la ligne courbe nous permet de saisir de l'œil, a été créé par les libéralités de Mme veuve de Brezets. Dans cette vaste maison on y trouve toutes choses nécessaires aux enfants abandonnés qu'on y élève. Nous atteignons Paludate, terme provenant de *palus*. On remarque en ce lieu beaucoup de chais à vin et de plusieurs autres genres de marchandises ; il y a près de trente ans, c'était un quartier silencieux, monotone, le dimanche excepté; mais depuis l'établissement des voies ferrées, et surtout de la gare Saint-Jean et de la Passerelle sur notre beau fleuve, il y a sur ce quai une activité des plus grandes et cela tous les jours : les omnibus et les véhicules de toutes sortes y sont constamment occupés, les piétons y fourmillent, et la rue des Terres-de-Bordes, dans ce voisinage, déborde d'un va et vient continuel. Cette dernière rue a encore selon nous la physionomie de la rue Saint-Jacques; saluons-la, mon fils; la rue de la Gare qui vient de l'extrémité Est du cours Saint-Jean est encore fort animée, de plus elle est fort belle; mais parlons un peu de la Passerelle qui se trouve en ces lieux. Un critique disait que ces sortes de ponts avaient l'air de cages à poules Depuis ici ce pont, il est vrai, nous produit cet effet; nous n'en rirons pas pour cela, mais dirons au contraire, que la passerelle est un travail remarquable qui fait grand honneur aux hommes qui l'ont conçu et exécuté. Elle est composée de tôle, et fer, le tablier est en bois, elle a 600 mètres de longueur, 9 de largeur; un passage pour les piétons en augmente la commodité et le mérite. Disons, mon fils, un mot sur les chantiers de construction. Ces grands ateliers en plein vent où des milliers de travailleurs gagnaient leur pain, n'existent plus : nos vieux ennemis les Anglais, ont eu le monopole de ces grands travaux. Nous ne voyons plus ces fêtes populaires de mise de navire à l'eau, où le peuple en si grand nombre, monté sur des barques ou radeaux, cachait la surface du fleuve. On eût dit alors une vaste place publique, où l'on ne voyait que figures anxieuses, que bras gesticulant, et où l'on entendait qu'une seule voix humaine mais formidable, applaudissant aux diverses phases de cette scène maritime. Hélas ! nos

3

pauvres charpentiers ont dû s'expatrier ou changer de profession, emportant dans leur cœur le souvenir de leurs bons maîtres, MM. Armand, Guibert et Moulinier. Parlons maintenant du pont de Brienne. Autrefois ce lieu était charmant, il doit l'être encore; là, les familles d'ouvriers s'y rendaient chaque dimanche se livrant à une joie bien permise; ils collationnaient, faisaient même des repas sur le bord de l'eau où la table était mise, et où la beauté des ondes paisibles, la verdure des rivages et l'aspect des côteaux lointains les charmaient d'une joie bien douce. C'est ainsi, mon fils, que nous passâmes plusieurs heureux dimanches de notre enfance, en compagnie de nos chers et bons parents.

Ne taisons pas non plus, mon fils, l'assemblée des Douze-Portes. Cette fête est la plus joyeuse des alentours. On y accourt de tous les points pour se livrer au plaisir. On s'y rend par terre et par eau; par eau, c'est on ne peut plus pittoresque, on dirait les Napolitains en fête : les barques sont ornées de festons de toutes couleurs, les mariniers revêtent leurs plus beaux habits et conduisent l'esquif accompagné de mille concerts. Les repas se font un peu partout : sur l'eau, sur le rivage sous les toits bruyants des hôtelleries, et cela toujours au son des instruments les plus enivrants; mais le soir le tableau est plus piquant, plus mystique : les barques sont illuminées, la plage et aussi les maisons, la joie profane éclate de toutes parts; c'est alors que l'âme est en péril, le retour est encore plus dangereux même pour le corps: la Garonne s'éclaire subitement de feux multipliés, l'air s'emplit de cris aigus et de chansons légères, les barques chargées de gais viveurs s'avancent vers Bordeaux où s'effectue le retour, la foule accourt sur la rive, les bravos se répètent au lointain, l'humanité est folle. Hélas ! la mort a quelquefois, là, saisi sa proie : des barques ont sombré, mon fils, dans cette même eau où scintillaient les mille étoiles du ciel pur et souriant à une jeunesse imprudente. Mon fils, soyez joyeux, mais fuyez tous ces plaisirs menteurs : l'abîme n'est pas loin.

Mon fils, terminons ici notre excursion mentale, payons notre hôte et partons. Nous sommes sur la place Bourgogne, formant un demi-cintre; cette place est composée de maisons semblables à celles du quai, nous pouvons dire aussi à celles de notre chère place d'Aquitaine. On y remarque plusieurs commerçants ou magasiniers, tels que Bergeron faïencier, Souchet et Delpech grains, Merlandes toiles, Tandonnet armateur, Dubois denrées, et quelques débits. Au centre de la place et encadrant de son bel arceau la vue des Fossés, est située la porte Bourgogne bâtie sous l'intendance de M. de Tourny, à la place de l'ancienne porte des Salinières. Ce monument est très-beau, il appartient à l'ordre dorique; ses guichets latéraux furent démolis en 1807 ainsi que son couronnement; il fut transformé en arc de triomphe à cette époque à l'occasion du passage de Napoléon Ier. Quatre fortes colonnes soutiennent un superbe entablement, le revers de la porte change ces colonnes en pilastres; deux petites fontaines en raffraîchissent la base. Entrons, mon fils, sur le cours des Fossés, qui nous paraît décrire comme le quai un croissant très-prononcé; avant le 14me siècle ce cours était tout simplement une eau stagnante baignant les murs de ville. Ces fossés fangeux furent comblés en 1302 et les limites urbaines poussées vers le Sud jusqu'à la place Saint-Julien, à l'Est jusque près du fleuve, et à l'Ouest jusqu'à l'église Sainte-Eulalie, et un peu au-delà. Ce fut alors que l'on forma ce boulevard intérieur dit les Fossés, tout en conservant les sinuosités des vieux remparts : de là le croissant remarqué.

A peine entrons-nous sur les dits Fossés que nous nous trouvons entre deux voies assez notables, nous voulons dire les rues de la Rousselle au Nord et de la Fusterie au Sud. Cette dernière arrive à la place Duburg ; on y remarque beaucoup d'industriels, tels que le restaurateur Cavé, le sabotier Godin, le bottier Chappe, Bernège, les vieux métaux, Tardy aîné entrepreneur, etc. Cette rue est ancienne et possède des maisons notables à tous les points de vue; elle porte le nom de Fusterie à cause de certains ouvrages en bois qu'on y fabriquait et qu'on appelait ainsi. La rue de la Rousselle, en face, date du 14me siècle; on y remarque un grand nombre de négociants en morues, denrées coloniales et autres marchandises, tels que MM. Condon, Vigneau, Brauchon, Louit, Feuga, Daney, Téchouère, Tandonnet et autres. La rue de la Rousselle aboutit à la place Sainte-Colombe ornée naguère de deux beaux arbres plantés sous la république des Brutus et morts sous celle des Octaves. On raconte qu'au temps des guerres de la Fronde, 200 hommes partirent de la Rousselle pour Saint-Julien dans le but de mettre à la raison les habitants de Saint-Nicolas qui s'y étaient réunis; les Roussellins, qui soutenaient la cause du duc d'Epernon, brouillon très-connu, furent en un clin d'œil dispersés, manquant de force et de courage devant l'attitude de nos pères. Bravo! mon fils. Après la rue de la Fusterie, voici l'étroite et courte rue des Pontets, nous rappelant les petits ponts jetés sur les fossés de la ville. Après cette petite voie, les maisons régulières et alignées suspendent leur apparition : l'immeuble de M. Holagray avance sur le cours d'au moins trois mètres, et chose singulière, c'est que ce nouvel alignement finit par un sensible recul : encore une bizarrerie! Voyez, mon fils, la maison Bourgès avançant de toute son épaisseur sur la voie, pourquoi cela? Sans doute les édiles du temps étaient tous endormis ou malades..... Cette partie des Fossés jusqu'à la rue Leyteire que vous voyez à environ 150 mètres d'ici, se trouve à chaque logis irrégulièrement alignée, c'est vraiment dommage, car les maisons y sont très-belles, de très-beaux magasins s'y montrent, parmi lesquels ceux de MM. Coste et Roques tailleurs, Boize, peintures, Vigneau toilerie, Brunet confections, etc.

Nous arrivons à la rue des Faures, vue la matinée, à Saint-Michel. A l'angle de la dite rue, sur un large pan coupé, s'élève une maison modèle à cinq étages, beau magasin d'épicerie sur trois faces. Cette maison a remplacé, il y a 40 ans, plusieurs immeubles très-anciens. N'allons pas plus loin, mon fils, de ce côté-ci et reprenons la droite des Fossés. Depuis la rue de la Rousselle suivent six maisons de formes différentes mais distinguées respectivement. Parmi les industriels qui s'y trouvent remarquons le bimbelotier Cazenave, Malet, cirier, Breton liquoriste, Molina épicier, etc. Après ces immeubles vient la belle ligne de logis uniformes bâtis sans doute au temps de M. de Tourny; cette belle partie de nos Fossés arrive ainsi jusqu'à la rue des Boucheries, rien de plus imposant : édifices à trois étages et de très-belle apparence. Vraiment cette façade est digne d'admiration, seulement elle manque de coiffure. Là se trouvent de beaux et vastes magasins, parmi lesquels nous remarquons encore les anciens noms Tardieu, Lafon et Bazanac; les disparus ont fait place aux d'Arfeuilles, aux Bernard, aux Saint-Denis, aux Sibrac, aux Lutard, Héraut, Delmas, Béguey et autres, tous commerçants d'aujourdhui. Nous arrivons à la rue des Boucheries, vestibule des trois voies Renière, Bouquière et Theulère. La rue des Boucheries était autrefois composée de maisons fabriquées avec des pièces de bois et du torchis, une entr'autre était très-remarquable, par son isolement et son originalité, aussi lui avait-on donné l'épithète de *meysoun soule*, maison seule. Cette maison a disparu depuis plus de 50 ans avec ses sœurs, faisant place à de nouveaux immeubles où nous remarquons de très-beaux magasins parmi lesquels brillent deux bijoutiers hors ligne, dont MM. Sual et Guichard successeur de l'excellent M. Ducot, puis un charcutier aux saucissons argentés et aux pâtés couleur d'aurore.

Revenons, mon fils, à la rue des Faures. Cette voie dont nous avons parlé suffisamment est très-fréquentée par les futurs époux qui là, viennent acheter les meubles de leur ménage. La rue des Menuts est en face de nous; elle arrive au Mau-Caillou, est pourvue de très-belles maisons qui n'ont pas l'air menues et ne possède pas mal de négoce; on y remarque Serres, Daney et fils négociants, Combret droguiste, Rousseau denrées, Jourde vins, Dumas papier mécanique, etc. Avançons: maisons peu alignées mais cependant notables, beaucoup de magasins de confections et de lingerie. Nous passons devant les rues Hugla et Pilot, toutes deux fort étroites, enfin la rue de l'Observance qui nous remémore les Observantins. Passons vite, mon fils, nous pourrions être observés. A l'angle de la rue Hugla nous découvrons le pharmacien Bousquet qui nous rappelle, du passé, le coiffeur de ce nom. Il y a analogie aussi pour la profession, tous deux vendent de la pommade et rajeunissent leurs clients. Voici la rue Leyteire dont nous avons parlé ce matin. Ici les saillies et les retraits disparaissent; le côté suit une ligne unie sur toute la longueur des Fossés, MM. les cordonniers commencent à se montrer : voici Darqué descendant des Darquès de 1830, dont les magasins étaient en grande vogue, le second est Douat petit-fils sans doute du vieux Donat également réputé à l'époque; voilà des générations qui soutiennent longtemps leurs blasons. Cependant disons-le, les confectionneurs de vêtements ont submergé les cordonniers, ceux-ci ne sont plus là en aussi grand nombre. Nous sommes maintenant, mon fils, sur les Fossés Saint-Eloi anciens, les arbres s'y montrent, mais hélas! en rateliers très-édentés. Cette partie des Fossés est très-intéressante et en même temps très-animée. Sur la chaussée, tapage par les voitures et les charriots de toutes sortes; sur les larges trottoirs, tapage encore par les cris des marchands et des enfants tracassiers. Quant aux maisons elles sont très-belles mais non uuiformes, néanmoins les lignes de droite et de gauche ont leurs charmes. Sur le côté Sud des anciens Fossés Saint-Éloi, nous remarquons l'horlogerie Bersot, le bonnetier Clouzet dont l'immeuble est très-beau, Mirambeau, Courbin et Morin confections, Bara et Naudet cordonniers, Barbot mercier, enfin un chef d'institution, un médecin et des dentistes immortels représentant du passé, les Victor et les Phocion. La mercerie Lafargue, placée à l'angle Est de la rue du Mîrail, nous rappelle la pharmacie Cadilhon placée en cet endroit au commencement de ce siècle. Les demoiselles Cadilhon et leur frère avaient une grande réputation pour guérir les maladies des enfants, aussi cette maison était-elle très-recherchée par nos chères mères d'alors, maintenant vers le ciel envolées. La dame Antoinette Cadilhon, veuve Balancier, fonda le couvent des Catherinettes à Bordeaux en 1608, aux environs du château Trompette. En 1664, ce couvent fut transféré dans la rue des Religieuses. Le côté Nord a aussi ses héros et c'est avec plaisir que nous citons après les Godefroy, les Gouts, les Chantal, les Giraud et les Porté d'autrefois, les noms nouveaux de Naxara, des Castex, des David, des Gasquets, des Blums, des Goujons, des Seynat, des Durand, des Roques, des Boissé et des Bousquet coiffeur que nous croyons au ciel, tous honorables industriels de tous les genres. En ce lieu se trouve la rue Buhan, anciennement rue Desirade, conduisant au cours d'Alsace et Lorraine.

Là, les objets de toilette sont à profusion, la vue de ces millions d'articles peut nous distraire toute la sainte journée. Jouissons, mon fils, de ce coup d'œil pittoresque, mais bornons-nous au simple rôle de spectateurs, observons bien toutes choses, et nous serons ravis du spectacle. Là nous trouverons des acteurs imitant parfaitement le naturel. Mon fils, voyez cette foule animée, agacée par les appâts qu'on lui étale; voyez-la se disputant l'entrée des magasins, puis échangeant son or péniblement gagné contre des objets utiles ou agréables; voyez-les satisfaits de leur achat ou bien l'air sombre et rêveur selon leur affaire plus ou moins mauvaise,

les uns entrent les autres sortent et cela toute la grosse matinée. Et vous aussi, avides commerçants, vous êtes là, l'œil
attentif, le cœur entier à la matière, il est vrai indispensable,
mais pensez donc à l'indispensabilité future !.... Mon fils, en
ce moment permettez-nous un retour de jeunesse, alors que
cette foule présente n'était pas, que nos mères et nos grand'-
mères vivaient, qu'un monde à vous inconnu s'agitait en ces
mêmes lieux; alors, mon fils, nous venions souvent ici couler
en observateur quelques heures délicieuses; là nous goûtions
un secret plaisir en contemplant les diverses scènes qui passaient devant nous. Il nous semble encore voir cette foule
disparue, s'agitant ainsi que celle d'aujourd'hui; il nous
semble reconnaître les mêmes visages, les mêmes allures,
les mêmes gestes, les mêmes opérations, et puis cette
corporation d'acteurs fantastiques et plaisants de toutes les
époques, divertissant où distraisant l'oisiveté des promeneurs.
De notre temps c'était le musicien Colonne et ses trois fils, le
poète gascon Filiol, le prestidigitateur Tabarin, les chanteurs
Carlet et Mauleon nous enivrant de leurs airs tendres et
guerriers, tels que les *Regrets superflus, Vogne ma nacelle, Fais
sonner ta clochette, Cinq sous pour monter notre ménage, l'A-
veugle et son chien, le Pâtre des montagnes, la Redingotte grise,
Sur les bords lointains et brûlants, Brave Pologne, emule de la
France,* et cent autres encore que nous ne pourrions rappeler.
Tous ces souvenirs, mon fils, nous font revivre dans notre
jeunesse et nous donne de délectables émotions; j'ose croire
que vous ressentirez plus tard, ces jouissances d'un cœur
tendre et vieilli.

Mon fils, une petite digression : parmi certaines chansons
que je ne vous citerai pas, il en était une vraiment attentatoire
à la divinité du Christ, ce qui donne une idée de l'ignorance
religieuse des autorités du temps. Cette chanson mettait en
parallèle Jésus et Napoléon; cette impiété publique apparut
vers le commencement du règne de Louis-Philippe, mais
le bon sens public en fit justice. On oublia en peu de temps
cet horrible blasphême. Hélas! c'était le prélude du livre de M.
Renan, qui croyait tout enterrer par son philosophisme mielleux.
Nous arrivons entre la rue Saint-Jâmes et du Mirail. Là, le tu-
multe, le va et vient continuel ressemble à l'animation parisien-
ne, les voitures se croisent, les piétons se heurtent et parfois il

arrive des accidents. Ce lieu, mon fils, et surtout le dimanche
est la bourse des ouvriers; ils apprennent là toutes les nouvelles relatives à leur profession, et bien souvent ils y ren-
contrent du travail: Voici la rue Saint-Jâmes dont le vestibule
précédant la tour de l'horloge, est pourvu de divers magasins
très-affairés.

Voici l'ancien Hôtel-de-Ville que l'on vient de restaurer
physiquement, nous voulons dire extérieurement. Trois som-
mets dont deux aigus, celui du milieu, tronqué, est surmonté
par un campanile coiffé d'un léopard fuyant. Cet édifice nous
rappelle le chien Cerbère à trois têtes; de plus, le vieil
édifice semble, comme le monstre de la Fable, défendre
l'entrée de la ville par l'exiguité de son arceau et cela est
très-vrai. Ce passage est trop étroit, l'édifice n'étant pas dégagé
comme certains autres. Ce que nous disons ici pourrait
bien s'appliquer à la porte du Palais. Ces deux monuments devraient être largement isolés pour eux-mêmes et
pour nous ; une cloche énorme dite bourdon placée à mi-
hauteur de la tour annonce par sa voix les sinistres et aussi
les fêtes nationales; le cadran placé au-dessous indique les heures de la nuit par un effet de lumière nouveau, c'est une très-
utile innovation. L'ancien Hôtel-de-Ville fut construit sous la
domination anglaise ; il se composait de quatre tours, le
donjon du levant fut démoli lorsqu'on bâtit l'église Saint-
Éloi et celui du couchant disparut aussi pour la régularité.

L'Église Saint-Éloi appartient au style ogival; elle a deux
nefs qui n'offrent aucune symétrie, la nouvelle façade construite en 1828 est de la même architecture : trois portails
assez élégants s'y font remarquer. On dit que le maître-autel
et les ornements du chœur sont un véritable contre-sens en
présence de cet édifice gothique. On remarque dans cette église
six autels puis les tombeaux d'Élie Vinet et du président de
Gourgues, hommes illustres de Bordeaux. L'Église Saint-
Éloi est très-fréquentée ; chaque jour, les fidèles y accourent,
et, le dimanche, c'est un peu la paroisse de tout le monde ;
plusieurs, en allant faire leur marché, font aussi leur devoir
de chrétien. Beaucoup d'ouvriers suivent cet exemple et ils
ont raison d'avoir recours au patron du patron de leur patron.
En pénétrant sous l'arceau de la tour de l'horloge et en
longeant la rue St-Jâmes, on arrive dans le cœur de la ville qui

nous éblouit par sa magnificence. Mon fils, l'histoire d'un fou
mérite ici sa place : un jour de l'année 1835, un homme
arrive devant la grosse cloche; là, apercevant les fleurs de
lys, il s'écrie : Fleurs de lys, si vous êtes là encore demain,
je vous abats d'un coup de fusil. Le lendemain, notre fou
revient avec son arme chargée, voyant encore les fleurs de
lys, il décharge sur elles son coup de feu et s'enfuit, laissant
la foule stupéfaite et les fleurs heureusement sans blessures...
Tournons-nous maintenant vers le sud : voici la rue du
Mirail. Dans cette voie, nous trouvons, presque à son entrée,
la chapelle Saint-Jacques aux souvenirs historiques, le beau
magasin Ballias, le café de la Perle ou plutôt la perle des
cafés, le Mont-de-piété ou de pitié fondé vers 1806, des hôtels
très-anciens, une école communale, deux maisons religieuses
puis enfin le souvenir du puits du Mirail aux eaux si claires
que les Rebeccas d'alentour allaient souvent s'y mirer.

Entrons maintenant sur les anciens fossés de l'Hôtel-de-
Ville où les arbres sont de plus en plus tristes et clairsemés.
A notre gauche, nous avons l'ancien établissement des Pères
Jésuites dit collége de la Madeleine, servant depuis le
Concordat de mairie et depuis 1835, de caserne. Ce vaste
bâtiment est très-remarquable : deux beaux pavillons illustrés
de quatre luxueux étages, l'encadrent et le complètent. Entre lesdits pavillons et les beaux corps de logis qui suivent
vers le centre, était naguère une construction incomplète,
aujourd'hui on en fait la plus belle partie de l'édifice sans
négliger le reste. On peut dire que le lycée qui va y être installé sous peu rendra passablement fiers les jeunes élèves qui
vont l'habiter. Après le nouveau Lycée vient la maison
Escalère, hélas! en deuil, maison d'ébénisterie unique que
l'étranger ne saurait se lasser d'admirer. Voyez, mon fils,
cette brillante façade où l'or se marie aux sculptures les plus
délicates ! On trouve dans cet immeuble ayant quatre étages
deux belles portes d'entrée, le tout doré sur le ton le plus
luxueux, des meubles en rapport à offrir aux nobles acheteurs:
avis aux chalands. Gradis suit : cette maison, il est vrai
paraît terne en présence de celle qui vient de nous éblouir;
mais calmons-nous, mon fils, et faisons la part de la dorure;
cela fait, nous voyons dans la maison Gradis, une habitation
des plus sévères et des plus imposantes : pavillon central peu

saillant mais orné d'un beau fronton au tympan riche de sculptures, pilastres ioniques entre les belles fenêtres, quatre étages, trois vastes et beaux magasins ornant le rez-de-chaussée occupé par la belle épicerie Rophe, la papeterie Léon, et le marchand de chaussures Barrousel, telle est en peu de mots, la maison Gradis qui a abrité sous son toit des hommes illustres par leur talent et leur science. Le côté nord des Fossés où nous pérorons a aussi ses magnificences. Nous avons d'abord le Grand-Marché établi en ces lieux depuis près de cent ans; il y a trente ans, mon fils, ce marché était en bien piteux état; resserré surtout dans le fond par la rue de Gourgues, il ne pouvait avoir aucun développement, les maraîchers y étaient gênés, de plus, les couvertures tuiles et bois étaient très-basses et laissaient entre elles des passages publics à découvert. Les étaux où l'on plaçait la chair et le poisson étaient loin de conserver la propreté et la fraîcheur; puis, pour les fruits, légumes et autres nourritures, de vastes et laids parapluies abritaient mal nos braves marchandes au cœur si charitable et jadis si royal. Tel était l'état de choses d'alors que l'on a amélioré grandement.

Considérons maintenant, mon fils, ces halles; il nous semble voir celles de Paris. Les halles de Bordeaux sont composées de fer, de fonte, pierres, briques, bois et vitrage, et ces diverses matières y ont chacune leur place. Le Grand-Marché occupe une largeur approximative de 50 mètres, en profondeur de 135 La façade donnant sur les Fossés a, dans son milieu, une très-vaste ouverture terminée en pignon, puis à droite et à gauche, deux portes fort jolies s'ouvrant sur deux passages correspondants en droite ligne sur le derrière du marché, clôturé comme la façade. Les côtés latéraux ont deux grandes ouvertures et cinq passages traversant les lignes de la façade, la clôture quadrilatère est composée d'arceaux dont les soutiens de fonte reposent sur un soubassement continu de pierres et de briques, le tout couronné d'une élégante frise en zinc.

Les couvertures étagées sont très-délicates et très-solides, le jour pénètre dans les halles avec abondance par les vitrages multipliés. En s'éloignant un peu, on peut voir le fini de ce travail et la légéreté de cette charpente svelte et gracieuse. La forme topographique des halles nous remet en mémoire le plan du premier Bordeaux exécuté par les Romains. C'est exactement cela, un carré long avec portes de ville s'ouvrant sur des voies droites, se croisant en longueur et en largeur, le tout d'une régularité parfaite et d'un parallèle exemplaire. Nos halles sont situées entre les rues de Saint-James et de Sainte-Catherine, mais ayant un passage latéral à droite et à gauche, puis un certain espace bâti avant d'atteindre les dites rues. Ces espaces sont occupés par de fort beaux rez-de-chaussée ; à l'Ouest : un bureau de tabac, un faïencier, le magasin Mestural de la ville de Londres, etc.; à l'Est, Verrout frères nouveautés, Descrambes poterie, Petit mercier, etc. Dans cette dernière partie on bâtit une maison qu'on ne peut qu'admirer; elle déterminera certainement les propriétaires voisins à imiter cet exemple d'autant que les logis de céans sont très-modestes. Le magasin de la Dame Blanche siége dans ce nouveau domicile.

En examinant le marché dont nous venons de parler on aperçoit le clocher de l'église Saint-Paul, curieux par sa forme svelte et gracieuse.

Traversons la rue Sainte-Catherine, mon fils, et contemplons son étendue et la beauté de ses édifices, mais renonçons à en parler car nous ne pourrions plus revenir à notre sujet; qu'il nous suffise de dire que nous sommes émerveillés de tant de magnificence. Passons outre et saluons les deux extrémités de cette belle voie : au Sud la porte d'Aquitaine, au Nord la maison Gobinaud.

La maison Edmond Quet, placée à l'angle Ouest de la rue Sainte-Catherine, est un édifice de la plus haute importance : cinq étages, un beau balcon et plusieurs autres de moindre volume, le tout richement ornementé, très-beau magasin au rez-de-chaussée; les maisons Benzaca et Chiménès suivent, puis la rue Figuières ouverte à la fin du siècle dernier dans l'enclos occupé par les Carmes, il y a cent ans. Voici l'ancien théâtre Napoléon, belle maison à un étage très-vaste, avec une belle entrée sur le pan coupé à l'angle de la rue Figuière. Aujourd'hui on voit écrit sur le fronton de cette façade, café de l'Eldorado, les maisons qui suivent sont très-dignes : on rencontre habitant les rez-de-chaussées, MM. Roubin mouleur, Tachecmer machines à coudre, la pâtisserie Balzer, doux souvenir; le café Dubosc, l'horlogerie Claverie, le café Suisse très-élégant et le salon de coiffure Cachois dont on devrait abattre la saillie aiguë. Les rues Canihac et Lalande se trouvent sur cette ligne; dans la première est établie depuis très-longtemps l'œuvre des Bons Livres, véritable contre-poison de la lecture des romans.Mon fils,gardez-vous bien de ces livres que la Religion répudie. Dans la seconde voie, nous trouvons la jolie chapelle de la Madeleine nous rappelant les vrais et bons amis de notre jeune âge. Cette chapelle est très-fréquentée; autrefois il y avait un établissement fondé en 1663, pour renfermer certaines coupables. Depuis la rentrée du clergé en France la congrégation de feu M. Cheminade s'y est intronisée et a fait beaucoup de bien parmi la jeunesse de notre temps; cette société existe encore mais moins florissante, espérons que des jours meilleurs poindront à l'horizon. La rue de Lalande dont nous parlons, nous rappelle un fait historique très-intéressant, le voici : Bordeaux en 1206, était assiégé par les Espagnols et probablement c'était en ce lieu-ci que se passa la scène, car les remparts n'étaient pas loin. Avant d'engager la bataille, un colosse de la nation étrangère s'avança vers les murailles et défia en un combat singulier un chevalier bordelais.Le sire de Lalande accepta le défi à condition que s'il était vainqueur les Espagnols se retireraient; le combat commença,après quelques actes de force et de courage de la part de l'espagnol, on crut le chevalier perdu; il n'en fut rien. Lalande usant du plus grand sang froid, tua son adversaire par ses ruses et ses artifices. Le siège fut aussitôt levé et Bordeaux fut sauvé. En retour de cette victoire le jeune héros fonda le couvent des Carmes, et la patrie reconnaissante le récompensa noblement : deux rues transmirent son nom à la postérité, l'une fut appelée Lalande, l'autre désignée par le terme de *Labirat*, (gascon) qui signifie tourner son ennemi. Sur les mêmes Fossés, côté Sud, on remarque entre les arbres des marchands d'oiseaux et de petits chiens en cages,cette sorte de commerce attire une foule d'amateurs et distrait en grande partie les oisifs; c'est très-intéressant.

Le côté Nord des anciens Fossés des Carmes, n'est seulement pas remarquable par les immeubles, mais il l'est aussi par les industries : le magasin de chaussures Simon, le café Montaigne, jadis Paoli, Salomon rouennerie, Rouget tapisserie, la maison du vainqueur et le café Helder peuvent se flatter d'orner copieusement cette partie de nos Fossés. L'établissement du Lycée actuel, placé au numéro 141, termine ou plutôt suspend les commerces. Cette maison est très-étendue elle se prolonge sur une centaine de mètres, elle est très-élevée avec deux étages ; nous y remarquons trois entrées assez convenables, l'une dans le mur de clôture et les deux autres dans la maison. Cet établissement appartenait autrefois aux Dames de la Visitation. On remarque devant ces murs beaucoup de parapluistes ambulants, même quand il fait beau.

Mon fils, entre les Fossés des Carmes et ceux des Tanneurs que nous allons suivre, était, il y a des siècles, une place plus saillante que celle que vous voyez en ce jour ; ce lieu était celui des exécutions capitales. On y tranchait la tête aux nobles coupables de quelques méfaits et l'on s'en servait aussi de marché pour la cire. Cette place se nommait Chauffour. A son avenue, M. de Tourny transféra le marché de la cire à la place d'Aquitaine et les exécutions transférées ailleurs, depuis longtemps, se firent, dans le 17e siècle, sur la place Canteloup, et dans le 18e, sur la place Dauphine. Le célèbre Camalet subit en 1787 le supplice de la roue, les victimes infortunées de la tyrannie révolutionnaire y eurent la tête tranchée par la guillotine, nouveau système destructif. Sous le premier empire, le lieu des exécutions changea, elles eurent lieu à la place d'Aquitaine jusque vers 1850; depuis, sur la place du Repos, bien nommée. Mais revenons à nos moutons, ce sera plus doux. A l'extrémité des Fossés des Carmes nous avons, mon fils, les rues Sainte-Eulalie et Cursol, très-anciennes. Dans la première, nous remarquons beaucoup de commerces terrestres, mais en revanche quatre maisons s'occupant des choses célestes. Dans la seconde rue se trouve la caserne N.-D. autrefois couvent de l'Assomption; il y a dans cette voie des bains d'une bienfaisance incontestable, mais pour le corps. Quant à l'âme on n'y trouve pas de bains, il faut aller plus loin ; c'est fâcheux.

Entrons, mon fils, sur les Fossés des Tanneurs appelés ainsi à cause de la préparation des peaux d'animaux qui avait lieu autrefois sur ce point. C'est la partie la plus agréable du cours des Fossés; les arbres s'y sont conservés presque entièrement et leur ombrage est très-régulier, des bancs les intercalent et quelques charmants kiosques embellissent le parcours de chaque côté de la chaussée où les véhicules ont

droit de passage qui est un large espace bordé de magasins fort
paisibles mais néanmoins assez recherchés. Ces Fossés ont
été le théâtre, il y a trois siècles, d'un événement très-dou-
loureux, nous voulons dire le meurtre de Moneins dont nous
avons déjà parlé. A l'angle nord de la rue de Cursol est la
belle maison Rodrigues où, nous dit-on, est ou a été un poète
de mérite : gloire lui soit rendue. La porte après, se trouve
la mercerie Bordes, ensuite le tapissier Depas, le liquoriste
Laprade, Rocheteau, meubles, Lemaire, sellier, Jacques, ébéniste, Laroque, bonbons, Mme Dumont, dentellière, puis une
foule d'honorables propriétaires habitant cette espèce de para-
dis sur terre. Le côté opposé où se développe le Lycée laisse
peu de terrains à offrir aux industriels, cependant nous
détachons d'abord de cette bordure Gaussens, le détacheur,
Mme Moreau, robes, Dubois le célèbre bouquiniste qui a
inscrit sur son enseigne : *Quand Guttenberg parut, la lu-
miere fut*; puis Labordère, coiffeur, le chapelier Labrunie,
Guillot, horloger, Chauvin, mercier, sans compter les notables
invisibles de cette galerie. Mon fils, nous avons atteint le
terme du cours des Fossés et allons entrer dans leur prolongement refait à neuf. Voici à notre gauche la rue du Hâ où
nous remarquons un temple de Protestants autrefois l'église
des religieuses de l'Assomption; à droite, la rue des Ayres
nous rappelant une porte de ville de ce nom puis celle
dite Porte-Basse bâtie par les Romains, tout cela n'est plus.
Entrons, mon fils, dans la rue Duffour-Dubergier, très-belle
voie de moindre largeur que le cours des Fossés, le côté est
avancé de près de 5 mètres, pourquoi cela ?.... des raisons
invincibles ont sans doute forcé nos édiles d'agir ainsi et il
en sera toujours de même quand on ne bâtira pas sur un
terrain vierge de constructions; il faut souvent sacrifier au
premier plan, quelque imparfait qu'il puisse être : confor-
mons-nous. Le côté Est de la rue Duffour-Dubergier est
entièrement neuf et c'est avec délice que nous parcourons
cette ligne on ne peut mieux alignée. Admirons, mon fils, la
lampisterie Saint-Amand, trônant à la place de l'épicerie Venot
d'autrefois, le café Berdoulas, la lithographie Andrieu, l'ébéniste Bleynies, etc. ; le côté ouest est inférieur, car on y
remarque encore certains laids immeubles de l'ancienne
rue Boule-du-Pétal; néanmoins, il y a de fort jolis ma-

gasins improvisés, ainsi nous citons : la librairie Prieur, l'horlogerie Palis, le poêlier Bacle, et enfin deux beaux édifices flambants neufs logeant dans leur rez-de-chaussée, MM. Porcheron, lampiste, Weingarten, papetier, Montaut, Grainier et M. Legros, ex-organiste de St-Nicolas. Les choses ont bien changé ici, mon fils, depuis bientôt vingt ans; nous n'avons plus la rue Boule-du-Pétal, espèce de détroit séparant les Fossés de la cathédrale où les vieux magasins de meubles Baignères, Lafon et Dabasse étaient en vogue puis la chapellerie Arnut, ayant un mayeux pour enseigne et puis le vieux magasin Laroque qui a tant prospéré sous sa veuve, sous M. Boisson et qui prospère encore sous M. Lambinet.

Voici, mon fils, la nouvelle voie dite, depuis notre malheureuse équipée de 1870, cours d'Alsace-Lorraine. C'est encore fort heureux que nous trouvions chez nous l'image de nos deux chères provinces perdues; elles étaient si belles qu'il eût été bien cruel que nous en eussions perdu le souvenir.... Mon fils, la Providence nous ménage dans ces lieux, un ami; arrêtons-nous et faisons chez lui notre unique repas : une heure sonne à l'Hôtel-de-Ville, il est temps de nous réconforter,

Mon fils, nous avons satisfait notre appétit bien légitime, levons-nous et continuons notre pérégrination délectable. Nous sommes maintenant sur la place Pey-Berland où débouche le beau cours d'Alsace-Lorraine. Que de beautés ! que de splendeurs ! que de richesses !!! Chère Alsace, chère Lorraine, nous n'avons que votre reflet, que votre souvenir, pendant que votre personne, votre vous-même gémit sous le joug de l'étranger ! N'importe mon fils, attachons-nous à cette image, brûlons-la de nos yeux, embrasons-la de nos regards, incendions-la de notre cœur. Antique vallée du Peugue, que vous êtes belle aujourd'hui ! il semble que nous revenons aux jours de votre jeunesse où Rome venait de vous enfanter à la magnificence où votre onde pure baignait les murs de la jeune Burdigala, alors que belle et jeune fille, vous n'aviez pas encore subi le joug des Barbares, alors que vous souriiez aux regards de vos fondateurs et croyiez à un avenir sans deuil ! Hélas ! les siècles ont passé, vos murs ont été ensanglantés, vos rivages souillés, vos tours détruites et vos pierres sans prix dispersées dans la fange; mais enfin, un Dieu vous a protégée et vos ennemis ne foulent plus vos champs fertiles et féconds. Oui, nous vous revoyons, antique vallée Peugue recouvrer les atours et les trésors de votre jeunesse, de plus, montrer enfin à tous les yeux le doux tableau de l'Alsace et de la Lorraine. Cette brillante voie, mon fils, date d'environ 15 ans; le plan en a été conçu, dit-on, par Napoléon III, comme il conçut aussi celui de la rue Vital-Carles en sa visite à Bordeaux de 1856. Ses édifices sont superbes, ses magasins opulents et nombreux, sa population d'élite, sa physionomie majestueuse. Mon fils, nous parcourûmes autrefois ces mêmes lieux,.. qu'ils étaient loin d'être ce qu'ils sont aujourd'hui : une longue rue étroite bordée de vieilles maisons, dissimulant mal le cours du Peugue, partait de la place Rohan et aboutissait aux ruines de la Porte-Basse datant de la première enceinte, puis certaines rues tortueuses arrivant à la fontaine du Poisson-Salé dans la rue Sainte-Catherine, puis derrière ladite fontaine, voie encore en spirale, où se trouvait, hélas! un vieil abattoir, véritable épouvantail du quartier; de là, on arrivait dans la rue du Pas-Saint-Georges en face de la rue Poitevine assez ordonnée, laquelle conduisait près des quais obstrués par quelques maisons qu'on a abattues, tel était le parcours prédécesseur du cours d'Alsace et Lorraine; maintenant, tout est dégagé et le bon air a pénétré dans le cœur de la ville avec le sens du beau comme il a pénétré partout par le vaste établissement des voies ferrées.

Mon fils, portons maintenant nos regards vers le beau clocher Pey-Berland et aussi vers notre magnifique cathédrale, provoquant l'un et l'autre l'admiration des étrangers. Et d'abord, le clocher; ce beau monument très-inférieur à sa jeunesse fut conçu et exécuté par Pierre Berland, archevêque de Bordeaux; en 1440, il avait une hauteur très-respectable comme on le voit par ce qu'il en reste, sa flèche fut détruite par un ouragan et dans les jours néfastes, il fut entièrement délaissé ; plus tard, il fut vendu 12,000 francs à un industriel qui y fit fabriquer du plomb de chasse. Enfin, nos archéologues se réveillèrent de leur long sommeil, la tour célèbre fut rachetée, et il y a environ 18 ans qu'on plaça sur son faîte, la statue de N.-D. d'Aquitaine, dominant aujourd'hui notre bonne ville de Bordeaux. Le bourdon replacé en 1868, dans la tour Pey-Berland pèse 11,250 kilos, 3 fois le bourdon civil

Passons maintenant à l'historique de notre vieille basilique qui fut à la fois collégiale, paroissiale et cathédrale ; l'époque de sa fondation nous est inconnue, mais nous savons qu'elle fut consacrée en 1096, par le Pape Urbain II. Louis VII s'y maria en 1126 à Eléonore d'Aquitaine ; 30 ans après l'église fut sérieusement remaniée, en 1305. Clément V, pape, ancien archevêque de Bordeaux, la fit à peu près achever par son crédit ; plusieurs auteurs disent que les flèches ont été construites dans le 15me siècle, d'autres prétendent qu'il n'a pas fallu moins de quatre siècles pour opérer la construction du chœur, de ses collatéraux, des tours et des flèches.

Nul doute, l'archevêque Pey-Berland en faisant élever le clocher qui porte son nom, n'a pas peu contribué à l'embellissement de la cathédrale, aussi c'est à bon droit qu'on lui attribue plusieurs travaux importants. En 1615 le roi Louis XIII se maria à Saint-André, avec Anne-d'Autriche, et plus tôt et plus tard, plusieurs souverains visitèrent le grand monument. Cette œuvre immense, cette basilique admirable demeura incomplète à cause des divisions de tous les temps ; elle est encore négligée, espérons enfin que des jours meilleurs viendront et que nos enfants prendront à cœur son entier achèvement. L'église Saint-André a subi plusieurs désastres; en 1427, une partie de la voûte de la nef fut renversée, le 25 août 1787 le feu prit à la charpente du chœur et la consuma. Le plomb qui la recouvrait fut fondu et depuis cette époque les ardoises ont formé la toiture. En 1820 la voûte du portail nord s'effondra et il y eut 15 victimes, parmi lesquelles la loueuse de chaises. Mon fils, ne changons pas de place, nous sommes devant le chevet du saint bâtiment, observons. Cet édifice est d'un admirable aspect, double étage de fenêtres ogivales et géminées, style flamboyant, murs des bas-côtés ornés de solides et beaux contre-forts, gracieux clochetons, hélas ! mutilés, se liant à l'aide d'arcs et de galeries avec les hautes murailles du chœur, mille sculptures heureuses apparaissant de toutes parts, niches veuves de leurs saints conservant encore leur grâce juvénile, toiture ardoisée couronnant l'édifice, magnifiques flèches surgissant de cet ensemble, tout cela forme un spectacle majestueux et divin.

Avant 1830, on voyait au dehors, sur le milieu de la fenê-

4

tre centrale du chevet un grand et beau crucifix placé pendant la Mission de 1817, mais la révolution de juillet inspirant des craintes, obligea le clergé d'alors à le transférer dans l'église où on l'y voit encore.

Mon fils, longeons le monument au sud, parmi les fleurs et la verdure du square, jusqu'à la porte méridionale du transept ; là, nous examinerons, puis retournant sur nos pas, nous visiterons les abords de la place Pey-Berlan en son entier. Le côté sud de l'église est solidement et élégamment appuyé, il est semé de beautés sans nombre. Nous voici devant le portail sud. Cette façade possède deux superbes tours qui semblent incessamment gémir d'être privées des flèches qui leur furent promises; le portail est ogival et à triple arceau. On remarque sur les archivoltes des saints assez bien conservés ; le bas n'est pas aussi heureux, les statues ne sont plus, des vandales les ont brisées. Cependant, encore plus bas, on remarque des reliefs paraissant avoir été respectés. Au-dessus du portail, quatre fenêtres étroites recouvertes de jolies arcatures; plus haut, belle rose, puis : fronton dégradé par le temps, telle est l'entrée sud. A droite du transept on a bâti des logements et des sacristies dont le travail, du moins extérieur, paraît être relativement économisé. Mon fils, délaissons pour un moment notre cathédrale et visitons la galerie des maisons qui bordent la place Pey-Berlan, commençant à la rue Cabirol. Nous voici devant l'école de Droit, bâtiment édifié en 1873. La porte d'entrée est très-belle : colonnes corinthiennes supportant un entablement très-appréciable; au-dessus même, dessin avec de riches décorations ; la maison a deux beaux étages, les fenêtres sont illustrées de frontons, de banquettes, de balustres et d'autres ornements. La maison qui suit, moins élevée, est aussi très-remarquable, elle fait angle à la rue Pellegrin, située en face de la porte sud de notre cathédrale. Cette voie, depuis longtemps alignée, possède de très-beaux logis parmi lesquels brillent d'un éclat hors ligne l'Ecole laïque récemment reconstruite. Après la rue Pellegrin, suivent sur la place susdite, deux beaux immeubles; dans le second apparaît, au rez-de-chaussée, le beau café de l'Ecole de Droit : à savoir si ce café appartient à l'Ecole — de droit. Voici la rue des Palanques, arrivant à la rue du Hâ. Le nom de Palanques provient de certains petits ponts de planches, jetés autrefois sur

sur le Peugue pour la commodité du public; après ladite rue commence une série d'industriels embellissant la place des objets de leur profession. Là, nous distinguons les vitraux peints de M. Lieuzère, les épiceries de M. Schtengre, les ornemens du café Sens, les belles montres de M. Calmel, les meubles Beray, les chapeaux Bonnet, etc. Mon fils, nous avons parcouru le Sud de la place, tournons à l'Est.

A cet angle, qui est aussi l'angle du cours d'Alsace est un immeuble sérieux et attrayant ayant à son rez-de-chaussée un beau magasin dit *Au Bon Génie*, où le génie de la toilette produit mille beautés; là, les vêtemens d'hommes sont d'une élégance incontestable. Le dit immeuble est aussi doté du beau magasin Lambinet, successeur Laroque; ici c'est différent; en plus, ce n'est pas la cause de l'homme directement, c'est la cause de Dieu : on revêt les temples de la divinité, on reproduit les saintes images, tous les objets du culte y sont fabriqués et installés et nous pouvons ajouter qu'ils sont beaux et brillants, au point de produire des éblouissements célestes. Saluons, mon fils, cette industrie sanctifiée et prions Dieu qu'elle nous soit à jamais conservée. Voici la rue du Loup, devant son nom à un évènement survenu dans le 6me siècle : des loups s'y étant introduit la nuit dévorèrent des chiens. Cette voie appartient à l'époque romaine, elle a été mille fois renouvelée en maisons et en habitans. La rue du Loup est pleine d'affaires, étant dotée d'un grand nombre d'industriels. Entre ces intéressés surgit un Bureau de Bienfaisance. A son angle nord se trouvent les magasins de meubles Plazanet, courant sur la place, puis l'ancienne église des prêtres Irlandais, chassés il y a 250 ans, de leur patrie; ces religieux s'établirent à Bordeaux, et Mgr. le cardinal de Sourdis les chargea du soin des sépultures. Leur église maintenant en recul sur la place, est consacrée à la confection des autels et statues du culte catholique. Cet atelier dépend de la maison Lambinet très-réputée.

Les maisons qui suivent, atteignent la rue Gouvion confondue avec l'ancienne rue Victor, qui n'existe plus. Dans la rue Gouvion remarquons, mon fils, les bureaux du journal *La Guienne* âgé d'environ 50 ans et soutenant toujours avec la même fidélité la cause de l'ordre moral; ici, la place Pey-Berlan décrit au nord la 3e ligne de son parallélogramme et nous présente de très-beaux édifices, entre lesquels nous contemplons les deux derniers; cinq étages ornés de fenêtres ravissantes, balcons pierres et fer des plus luxueux, pilastres corinthiens. sculptures et décorations de toutes sortes, en plus rez-de-chaussée princiers, brillantes portes d'entrée. — Vraiment les riches propriétaires de ces immeubles se sont piqués d'honneur, ils ont pris le contre-pied extrême du quartier prédécesseur où l'on ne voyait que voies hideuses, maisons décrépites industries idem. Les moins âgés se rappellent la rue de l'Hôpital, celle de Sainte-Hélène et tout ce qui les composait. Bénis soient donc les mortels qui ont opéré le présent phénomène bien digne d'éloge !

Nous voici, mon fils, sur une place qui n'a pas encore de nom : dirons-nous qu'elle n'est pas légitime ? Attendons. Cette place a la cathédrale au sud, la Caisse d'épargne au nord, deux moralités. A l'est : la seconde façade des édifices dont nous venons de parler, à l'ouest : les vieilles maisons de la rue de l'Hôpital. Au sud passe la rue des Trois-Conils où se trouve la demeure du Pasteur paroissial. Au sud, encore nous avons deux rues montant vers le nord, et d'abord la rue Baubadat aux maisons colossales; à son entrée on trouve le siége de la Société de secours mutuel de la ville de Bordeaux, établie par feu M. Girard père, en 1838. Cette Société comporte une très-bonne idée aux soins des malades, elle joint l'espérance d'une retraite pour les vieillards infirmes. La rue Vital-Carles est une des plus belles voies de Bordeaux, elle a été ouverte en 1863, et dans ce court espace des édifices superbes y ont été construits en grand nombre. On y remarque le palais archiépiscopal dont les beaux jardins et le portail ionique distinguent la voie. Vital-Carles est un beau nom, il rappelle un cœur des plus charitables, prêtre et chantre de la cathédrale ; il fonda en 1394 l'hôpital des pauvres en ces mêmes lieux : honneur à la mémoire de ce véritable grand homme !

Entre les deux rues dont nous venons de parler, est située la maison dite Caisse d'épargne : un seul étage porte à chaque extrémité du rez-de-chaussée, fenêtres sur le même plan. Cette maison est très-précieuse pour la classe ouvrière ; là, l'argent sûrement confié se trouve à l'abri des voleurs et de la dissipation. Braves travailleurs, portez-y votre économie et ne vous engagez jamais dans les jeux de bourse

mille fois plus dangereux que tous les diables de saint
Antoine. Tournons à l'ouest de la place. On remarque sur
cette ligne l'horloger Guignand dont les heures sont comp-
tées, et l'épinglier Ducos toujours en train de gagner ses
épingles. Entre ces deux industriels se trouve la petite rue
Pilet déjà vue sur le cours des Fossés, probablement celle-ci
aura vécu en 1900 pour favoriser la perspective de l'Hôtel-
de-Ville.

Mon fils, ne voilons plus notre face, tournons-nous vers la
porte nord de l'église Saint-André; voici le portail; tout y
paraît bien conservé malgré les jours maudits. L'archivolte
est peuplée de Saints sous leurs dais; le bas du portail est
orné de modestes religieux de grandes dimensions, le pape
Clément tient le milieu de l'entrée, le tympan représente plusieurs scènes de l'Évangile. Ici le talent ne fait pas défaut, au-
dessus, belle galerie, puis trois fenêtres ogivales, puis une rose
majestueuse au-dessus de laquelle apparaissent deux galeries
très-bien découpées. Autrefois il existait un fronton complé-
mentaire, mais il fut abattu par le vent, ce qui occasionna
comme nous l'avons déjà dit la mort de plusieurs personnes.
De chaque côté de cette belle façade se dressent d'abord deux
tours qu'on dirait dentelées, et puis les manifiques flèches qui
semblent porter vers Dieu nos vœux et nos hommages. Il y a
environ 56 ans, un charpentier de Saint-Nicolas doubla ces
flèches de pièces de bois et rendit pour longtemps solides, ces
deux géants qu'on dirait si frêles. Le flanc nord de l'église est
en parfaite harmonie avec le portail, beaux contreforts avec
niches et clochetons élégants, fenêtres au premier et second
étage, très-belles arcades et galeries reliant l'édifice aux ro-
bustes soutiens; de toutes parts beautés sculpturales et gran-
dioses, vraiment tout cela est un monde de travail sublime et
de divine magnificence. Entrons, mon fils, dans cette illus-
tre cathédrale et visitons-en l'intérieur.... prions.

Nous voici entre le vestibule et l'autel comme Zacharie,
espérons qu'on ne nous sacrifiera pas ; le vestibule, nous
voulons dire la nef, cette nef, mon fils, est peut-être la plus
belle du monde, elle a dix-huit mètres de largeur et soixante
de longueur; de très-forts piliers au nombre de douze, s'appu-
yant sur les murs latéraux et façonnés selon le style du temps
où ils ont été construits, s'élèvent divisés en mille bras et vont

.symétriquement suspendre dans l'espace cette voûte splendide
planant au-dessus de nos têtes, des galeries à diverses hau-
teurs et dominées par de vastes fenêtres, permettent aux
visiteurs de circuler et d'admirer de plus près les beautés
architecturales semées de toutes parts. Sous ces galeries et
adhérents aux murs sont des arceaux plein cintre avec pilastres
où nous vîmes autrefois quelques autels. On remarque
outre les beautés murales, des tableaux très-appréciés, un
magnifique cadran sonnant les quarts, un très-beau banc
d'œuvre, une chaire provenant de l'ancienne église Saint-
Rémi, la sacristie où l'on peut admirer un ancien portail de la
basilique jadis à l'extérieur, puis un Christ très-remarquable,
le tombeau de Mgr. de Cheverus près de la sacristie, enfin les
belles orgues tirées de l'antique abbaye des Bénédic'ins de Ste-
Croix, la tribune qui les supporte, ses trois arceaux où pulu-
lent la plus riche sculpture, le beau péron au-dessous et son
vaste escalier, d'où l'observateur, tourné vers le fond de
l'église, peut jouir d'un coup d'œil tout céleste.

Portons maintenant nos pas, mon fils, vers le haut du temple, nous arrivons encore entre le vestibule et l'autel. Voici le
transept nous éblouissant de ses belles roses et de ses arcatures flamboyantes. Mais hâtons-nous, l'arche nouvelle appa-
rait prosternons-nous... admirons la vaste grille, le sanctuaire
large, profond et élevé, le trône archiépiscopal et sa chapelle en
face, le maître-autel très-imposant, le Christ colossal au dessus du tabernacle, flamboyant, les chandeliers très-beaux, des
adorateurs à la pose séraphique, de majestueux candélabres,
enfin, le tombeau remarquable par sa belle simplicité.

Le chœur, séjour des chanoines et de la maîtrise, est placé derrière le sanctuaire; les chants qui en partent dans les
cérémonies solennelles impressionnent vivement les fidèles.
On dirait les concerts mystiques des cieux vers lesquels nos
âmes doivent être éternellement suspendues, la voûte qui domi-
ne cette partie de la basilique est plus élevée que celle de la nef,
prouvant par là que la demeure de Dieu l'emporte sur celle
des hommes; treize piliers, en faisceaux de colonnettes, de
hauteur et de force gigantesques soutiennent ce ciel ter-
restre, figure de ces douze apôtres en société avec le Christ
supportant le vaste corps de l'Église spirituelle. Entrons dans
le chœur et souvenons-nous que nous sommes en un lieu plus

grand et plus saint que celui de l'Arche de nos pères. Le chœur placé derrière le maître-autel, décrit un demi-losange, de belles boiseries hautes d'environ 4 mètres adhérentes aux piliers, dix-huit siéges de chaque côté pour les chanoines et autres prêtres, 15 places en avant pour les choristes, le tout remarquable par un travail très-distingué; le lutrin situé au centre est une très belle pièce et fort ancienne. Quelle longue hiérarchie de prêtres, de chantres et d'enfants ont grandi et vieilli devant ces meubles divins et y ont chanté les louanges du Rédempteur. Vital-Carles, bienfaiteur de l'humanité souffrante, il nous semble vous entendre encore en ce lieu même, animé par la gloire de Dieu, entonner les concerts célestes, après cinq siècles de distance !

Portons nos pas, mon fils, vers les chapelles absidales qui tournent autour du chœur. D'abord voici la chapelle de Notre-Dame du Mont-Carmel : peintures marbres, quatre beaux vitraux faits par M. Villiet, autel marbre et bronze doré au-dessus tableau de saint Simon recevant le scapulaire, peintures diverses, grille de fer forgé. Cette chapelle est très-fréquentée. Après vient celle de l'Annonciation où l'on remarque deux grandes peintures murales et deux beaux tableaux; dans la chapelle Sainte-Marguerite se trouve le mausolée d'Antoine de Noailles, lieutenant du roi en Guienne. Obélisque au dessus, autel très-convenable, statuettes de sainte Marthe et autres. La chapelle du Sacré-Cœur l'emporte sur toutes ; c'est une petite église; tout est là, le Saint-Sacrement y séjourne presque toujours, un beau tableau représentant le Christ ouvrant son cœur, belles verrières, 22 médaillons, stales et boiseries dignes d'attention. Dans la chapelle Sainte-Anne, qui suit, beau reliquaire du XVe siècle, statue de Notre-Dame en marbre, dans la chapelle Saint-Charles on admire le tableau qui représente ce saint en prière pour son peuple. Mausolée de Mgr. D'Aviau remarquable. Chapelle Saint-Joseph ; autel plaqué en argent sur bois et très-ornementé, verrières peintes, représentant les patrons des corps d'états avec leurs armoiries et leurs attributs, deux grandes peintures murales au-dessus de l'autel racontant l'histoire de saint Joseph; au fond de la chapelle, mariage de la Vierge, diverses autres peintures et curieuse mosaïque. La chapelle de Saint-Joseph est affectée aux sépultures particultières, exem-

ple qu'on pourrait suivre dans toutes les vastes églises :
éviter autant que possible de mettre en présence les grandes
douleurs avec les grandes joies ; pas n'est besoin de dire que
les beaux vitraux surabondent dans l'église Saint-André.
Il y a aussi dans le chœur des vitraux blancs très-nom-
breux. Dans l'allée du pourtour, la Vierge, en embuscade,
arrête le pécheur au passage qui, quelquefois, se rend tou-
ché de la dévotion des fidèles. Il faut de l'extraordinaire
pour opérer des conversions ; c'est une idée louable, mais
n'oublions pas la chapelle du Mont-Carmel et les suivan-
tes, que cela ne nuise pas à leur fréquentation. Mon cher
fils, soyez toujours chrétien, le secours divin ne vous man-
quera pas si les dangers s'accumulent autour de vous. — Un
petit mot sur un des serviteurs de l'église Saint-André.

Cet homme, vieux gardien de céans, a mission dans certaines cérémonies ; de plus, il surveille le jour, souffle l'orgue de
chœur, et son zèle rend mille services à notre cathédrale, mais
ce qu'il fait bien et en quoi il excelle, c'est dans les explica-
tions ou renseignements qu'il donne aux visiteurs ; en ces gra-
ves circonstances l'amour de son église, l'orgueil de la servir et
d'en raconter les merveilles le transportent, l'exaltent ; sa voix
s'anime, son œil s'enflamme, son geste s'agite, sa parole de-
vient facile, son ton s'élève, il est admirable... Honneur à ce
brave et digne serviteur !

Nous allons sortir, mon fils, par où nous sommes entrés ;
rendons à Dieu notre hommage et dirigeons-nous vers l'Hôtel-
de-Ville par la rue de l'Archevêché très-courte ; les maisons
de cette voie paraissent dater du siècle dernier ; M. de Tourny
y mit la main, car son cachet y prédomine. En ce lieu beaucoup d'industries sérieuses, antiques, librairie, papeterie,
musique, meubles, etc. Nous voici sur la place de l'Hôtel-de-
Ville demi-circulaire, les maisons sont semblables à celles de
la voie précédente et font un très-bel effet. On remarque sur
cette place la librairie Alvarès, très-ancienne, puis la rue des
Remparts aux lointains souvenirs ainsi que la rue Montbazon
où se trouve la Faculté bien loin de son café.

Contemplons maintenant, mon fils, la Mairie ou Hôtel-de-
Ville que nous avons devant nous. Cet hôtel est d'une beauté
incontestable, il fut édifié en 1778 pour servir de résidence à
l'Archevêque de Bordeaux dont les vieux bâtiments ne tenaient

plus. En 1791, la Révolution aidant, on y établit l'administration départementale, en 1803, l'hôtel de la Préfecture y fut installé. En 1808, Napoléon y logea et en fit son palais impérial; sous la Restauration, il fut appelé Château-Royal; en 1837 il devint propriété de l'État et la ville en ayant fait l'acquisition y transféra la mairie en 1835. L'ancien collège des Pères Jésuites dont on avait fait l'hôtel-de-ville, fut alors converti en caserne. La mairie actuelle est une des plus belles de France, elle est précédée d'une vaste cour fermée, ayant sur la place une façade fort élégante, large porte d'entrée surmontée d'un bel écusson aux armes de la ville, de chaque côté encadrement avec colonnes ioniques renfermant une belle statue mythologique, à droite et à gauche mur de clôture percée de fenêtres plein cintre, ornementées de pilastres et de diverses sculptures; au-dessus, galerie de balustres sur toute l'étendue d'environ 70 mètres. Entrons, mon fils, dans la cour et approchons de plus près : ce bel édifice se dresse dans le fond; d'abord, péristyle intérieur bordant le mur de façade, à droite et à gauche bureaux divers, cour très-vaste, en face de nous, beau pavillon central ayant une aile de chaque côté, deux beaux étages, fenêtres richement ornées, pilastres, etc., cadran au sommet du pavillon central couronné d'un beau plein cintre. En bas, perron avec péristyle, porte d'entrée gardée par quatre statues encore de la Fable. A chaque angle, entrée conduisant aux divers bureaux : état civil à droite, cabinet de M. le Maire, archives, finances, travaux, à gauche. L'intérieur est vaste et commode. On y trouve de très-beaux appartements pour la réception des rois et des empereurs s'il en règne, et, à leur défaut, pour les plus hauts gouvernants. Le derrière de ce bel immeuble possède une façade identique à celle de devant, en plus un beau jardin où les vieux rentiers viennent bailler à l'aise et les bonnes d'enfants s'étouffer de rire. Depuis peu, mon fils, on a bâti le Musée très-étendu et bordant le jardin de la Mairie, au sud et au Nord jusqu'au cours d'Albret lequel jouit aussi d'une très-belle partie de l'édifice. L'ordre ionique caractérise cette immense et gracieuse construction, une belle grille sur le cours permet aux passants d'admirer les beautés naturelles et artificielles de ces lieux pleins de grâces qui ont cependant perdu leur renommée.... au pied léger.

Le jardin de la Mairie est doté d'arbres séculaires qui surprennent par leur volume. Ces végétaux ont dû assister au défilé chronologique de plusieurs de nos anciens Archevêques (on peut évaluer leur âge à 4 ou 5 siècles); malgré le respect que nous leur devons, deux d'entr'eux et des plus gros, doivent être abattus, ils gênent la circulation et masquent la vue des deux pavillons faisant retour sur le cours d'Albret. Ici, mon fils, louons nos chers municipaux d'avoir fait disparaître les maisons anciennes qui précédaient notre nouveau Musée; franchement, cette galerie était loin d'être convenable.

Mon fils, l'heure avance, prenons le chemin de notre paroisse et non celui des écoliers. Quittons le Palais-de-Justice avec justice et marchons. Voici la place Rohan aux maisons luxueuses et régulières; deux rues partent de cette place, les rues Rohan et d'Albret; cette dernière, autrefois rue des Teinturiers, a perdu ses couleurs. Vieux teinturiers, vous êtes descendus dans la tombe, priez pour nous! le ciel bleu ne doit pas vous manquer. La rue Rohan ainsi que la place nous rappellent un prélat de ce nom. Mon fils, en prolongeant notre regard mental au-delà du cours d'Albret, nous y voyons un quartier populeux avec des voies neuves et des immeubles idem. Le nouveau boulevard borne de ce côté la ville montrant jadis dans ces régions des marais pestilentiels. Honneur à la mémoire du cardinal de Sourdis qui, le premier, avec le concours des Chartreux, assainit, en grande partie, cette sorte de Palus-Méotides qu'enfin, nos Édiles de 1820 à 1830 et aussi de plus tard, achevèrent de faire disparaître pour la santé de nos chers citadins.

Mon fils, si la place Rohan a quelques beautés, il est une de ses faces qui la dépare. Oui, notre cathédrale est privée de sa façade principale; autrefois cette façade était dissimulée par des maisons qui, recevant son appui, lui donnaient en retour un libre passage et cachaient sa déplorable entrée; sans doute, en démolissant lesdits immeubles on crut à une prompte restauration, hélas! il n'en fut rien, et voilà pourquoi cette laideur nous est restée, mieux valait laisser encore les maisons bienveillantes. Mon fils, entrons dans la rue du Palais-de-Justice ; à droite et à gauche, beaux édifices, belle épicerie et fabrique de billards, à l'ouest; café du Musée et sapeurs-pompiers à l'est. Ce dernier logis est très-bien, il date de 1865. Nos pompiers s'endorment, le magasin est inactif. Voilà bien l'image du temple de Janus, fermé pendant la paix, ouvert pendant la guerre. Suit la maison Scian iro, entreprise de couvertures, puis l'ébéniste Loubère, le lithographe Fourniol, le restaurateur Flavien, etc. Enfin, la rue Cabirol. Arrêtons-nous là, mon fils, et portons nos yeux vers le vaste établissement de la Gendarmerie construit en 1832. Ce bâtiment est d'un aspect simple et régulier, il a trois étages sans ornements, léger fronton placé au centre, sans pavillon saillant. A travers le portail plein cintre, voyez, mon fils, cette grosse tour dépendante de l'ancien fort du Hâ. On y renferme, dit-on, les condamnés à mort. Passons vite, car hélas ! nous sommes tous des condamnés. Après la Gendarmerie, voici les prisons. Ce vaste local est clôturé par une haute muraille au-dessus de laquelle surgit une partie des bâtiments intérieurs de formes redoutables; nous arrivons à son entrée après 50 mètres de parcours. Là se terminent les prisons et commence le Palais-de-Justice. Entre ces deux établissements regrettables est une voie tolérée communiquant au cours d'Albret; n'y entrons pas, mon fils, et continuons notre chemin, ce sera moins pénible, contentons-nous de longer le flanc du Palais-de-Justice allant jusqu'à la place Magenta, puis revenons à la rue Cabirol délaissée.

La rue Cabirol, autrefois rue des Minimettes, n'est pas profonde; elle s'arrête d'abord toute épatée devant l'imprimerie Bellier, mais n'y trouvant pas d'issue, elle tourne à gauche et arrive devant la Cathédrale, qu'elle ne cesse de contempler, d'autant que son homonyme était un célèbre sculpteur. On remarque d'abord en ce lieu le fameux Gilbert-Martin, directeur du *Don Quichotte;* puis le professeur de musique d'Echeverry, et enfin le vénéré directeur de la Maîtrise, digne successeur de Vital-Carles. Retournons. Presque à l'angle de la rue Cabirol se trouve la librairie Jusan ; allez là, mon fils, vous y trouverez l'innocence figurée par la blancheur du papier et la saine morale par l'orthodoxie des livres qu'on y vend. Après Vau, ferblantier, et Confoulin, serrurier, nous arrivons à la rue du Hâ, très-passante. En ces lieux, quelques rez-de-chaussée très-actifs, puis trois médecins surveillants l'état sanitaire de la voie; puis encore deux établissements religieux mais différents de culte : c'est à déplorer.

Après la rue du Hà, vient celle de la Plate-Forme, qui s'élance comme la rue Cabirol, s'arrête, mais court à l'opposé et arrive en serpentant dans la rue de Cursol. Le nom de Plate-Forme est un souvenir historique qui nous a valu des jours néfastes, il y a deux siècles. Ah ! voici la rue de l'Étoile ; elle traverse celle de la Plate-Forme, grimpe trois escaliers et arrive dans un milieu convenable, n'ayant d'autre sortie qu'un long tunel qui conduit le touriste dans la rue du Hà. C'est véritablement une étoile filante. Mon fils, il est bon de vous faire remarquer que lorsque nous étions à votre âge, la rue du Palais-de-Justice avait beaucoup plus de largeur. Ces maisons, que vous voy. z à l'est, ont toutes été bâties sur un profond recul, et c'est ce qui a produit ces diverses voies qui lui font doublure, telles que les rues Cabirol et Plate-Forme. Dans les maisons placées devant cette dernière voie, nous y trouvons le coiffeur Dard, le restaurateur Améteau, l'herboriste Nercam, le papetier Giraudeau, Lespès, horloger, Labat, mercier, etc. Nous arrivons à la place Magenta, servant de trait-d'union entre le cours d'Albret et la rue du Palais. Cette place est fort belle, car, outre les monuments qui la distinguent, elle possède deux charmants jets d'eau, plusieurs rangées d'arbres aux deux extrémités ; puis bancs et kiosques. Mon fils, avançons sur la place et contemplons les deux vastes édifices qui la parent. Parlons d'abord de l'hôpital.

L'hôpital occupe une étendue de 143 mètres de façade : deux étages plein cintre ; au centre, haut perron avec escalier avançant sur la place et comprenant environ 50 mètres. Sur ce perron se trouve le porche de la chapelle et le corps-de-logis servant d'entrée à la maison ; au centre du perron quatre belles colonnes soutiennent un beau fronton : sur le derrière s'élève un dôme surmonté d'une croix ; sous le portique, entrée de la chapelle s'ouvrant rarement. On dit cette chapelle assez remarquable ; de plus, sa chaire dite d'honneur est offerte chaque année au plus célèbre prédicateur du Carême. L'édifice a une hauteur satisfaisante ; sa profondeur est considérable ; de nombreuses salles sont affectées aux malades ; on y compte sept cents lits, plusieurs spacieuses cours pour les convalescents... Le terrain sur lequel a été bâti l'hôpital, en 1829, était la dernière partie de la terrasse de l'Ormée ; nous avons vu cette terrasse, en 1825, soutenue par une muraille d'environ 5 mètres de hauteur, bordant la place qu'on appelait alors place d'Armes ou du Fort-du-Hâ.

Parmi les bienfaiteurs de ce charitable établissement, nous citerons le duc de Richelieu, qui consacra à cette construction une somme considérable provenant des largesses de l'État, en récompense des services qu'il avait rendus. L'hôpital précédant celui de nos jours, n'était autre que celui que Vital-Carles fonda à la fin du XIVe siècle. Jusqu'en 1832, les malades couchaient deux dans le même lit, et les morts étaient ensevelis cousus dans des toiles; aujourd'hui, nous avons fait des progrès en cet endroit. Gloire soit rendue aux bienfaiteurs !

Mon fils, maintenant tournons-nous vers le Palais-de-Justice; ce palais date de 1846, il a été construit sur les ruines du Fort-du-Hâ, et embrasse ainsi une étendue de 145 mètres; il est peu élevé, mais impose par sa masse et nous fait l'effet d'un hercule de petite taille. Sa façade se compose de deux étages avec de belles fenêtres, deux pavillons carrés au centre desquels l'entrée se trouve; belle grille, vaste escalier de dix-sept marches, beau perron; péristyle composé de douze colonnes d'ordre dorique soutenant un bel entablement au-dessus duquel s'élèvent trois frontons ornés de couronnes et autres ornements; celui du milieu possède un cadran qui doit être toujours juste. On remarque sur le pavillon de droite les statues assises de Malesherbes et de Daguessau ; sur celui de gauche, celles de Montesquieu et de l'Hôpital; au-dessous et en façade, on voit les tables de la loi en blanc. Cela est fort surprenant; et nous ne voyons pas pourquoi on tairait ici les Commandements de Dieu ou du moins les principaux. Les quatre Commandements suivants devraient ce nous semble y trouver place : *Un seul Dieu tu adoreras, Tes père et mère honoreras, Le bien d'autrui ne prendras, Homicide ne commettras.* Pourquoi ne pas les y graver? Un libre-penseur n'y trouverait rien à dire. Montons au Palais, mon fils; voici la porte d'entrée sous le péristyle: très-belle et vaste salle destinée au public, lignes architecturales de toute beauté, groupes de colonnes devant les différents tribunaux, bancs, statues, candélabres, parvis de marbre, tout est beau; mais, hélas! profané par l'affluence qui ternit sans pitié les choses les plus belles. L'intérieur du Palais-de-Justice réunit dans ses dépendances la Cour d'appel et là Cour d'assises, les divers tribunaux ainsi que les parquets du Procureur-général et du Procureur de la République, les greffes et un bureau d'enregistrement; en plus, une foule de pièces de passages et d'appartements. Arrêtons-nous là, mon fils, que cette explication nous suffise, le temps nous manque pour réaliser une visite plus complète.

Sortons maintenant et gagnons au plus tôt le chemin que nous avons interrompu. Un mot cependant sur l'ancien Fort du Hâ, bâti par Charles VII. Ce fort avait autrefois quatre tours : deux ont été démolies avec les murailles; les deux autres sont encore subsistantes; il en est une dans l'intérieur des prisons, la seconde dans la caserne de la gendarmerie que nous venons de voir. L'ancien Fort-du-Hâ avait un périmètre assez étendu. Nous nous souvenons avoir vu, dans notre jeunesse, une de ces tours très-élevée, les prisonniers se promenaient au sommet, aspirant l'air de l'espace qu'ils eussent voulu franchir d'un second vol. Les maisons de la rue du Palais, qui font face à la place Magenta, sont toutes à citer pour leur beau coup d'œil. On y remarque la jolie buvette Magenta, le café du Palais, la pâtisserie Courtil, la charcuterie Loubère et le dentiste surnommé le Manchot. Décampons, mon fils, d'ici; il se fait tard : les beautés nous séduiraient encore; dirigeons-nous vers la rue Jean-Burguet, autrefois Berry, et saluons en passant la rue de Cursol; à l'angle des dites rues se trouve le café Ossalois, très-vaste, et réunissant tous les soirs nombreuse société. Ce terme d'Ossalois est bien permis en présence des lois non écrites sur les tables du Palais. Oh! ça, lois! La porte après le café est l'auberge du Chat et des Rebus d'autrefois. Cette enseigne a disparu ; c'est dommage, car on trouvait là l'esprit.... de vin. Après cette hôtellerie, la rue prend une physionomie un peu monotone. Sans doute, le vis-à-vis de l'hôpital influe sur la bonne humeur et semble inviter les voisins et les passants à garder le silence. Le flanc de l'hôpital, composé de six corps-de-logis, se continue dans toute la largeur de la rue jusqu'à l'ancienne caserne Raphaël. Le côté est, qui nous paraît isolé, a cependant quelques industriels : nous y rencontrons un marchand de bois de construction, une gérance de tabac, une pharmacie, un ébéniste, un boucher, etc. La voie se termine par une ancienne auberge dite à l'*Hermitage ;* là, beaucoup d'ermites, marchant à reculons du ciel et cela sans y croire.

Mon fils, nous voici encore entre deux édifices marquants : nous voulons dire l'église Sainte-Eulalie et l'ancienne caserne Saint-Raphaël, que l'on restaure en ce moment. Deux beaux pavillons d'ordre ionique, vont encadrer un vaste corps-de-logis, avec cour intérieure : beau portail d'entrée au centre orné de colonnes et couronné d'un plein cintre; les bâtiments s'élèvent dans la cour et paraissent être immense. L'École de Médecine aura là un beau local. La caserne Raphaël ainsi transformée fut bâtie, il y a environ cent trente ans, sur la partie sud de la plate-forme de l'Ormée ; on y établit d'abord un hospice ; mais en 1778, on y fixa le Petit-Séminaire; sous l'Empire, on y fit un hôpital militaire et, plus tard une caserne. Aujourd'hui, nouveaux habitants.

Examinons maintenant l'église Sainte-Eulalie. Au milieu de sa place, comme un point dans son centre, un square manque là; la façade est peu ornementée, mais le porche, bâti en 1828, la relève dans son style négligé; la porte d'entrée ogivale paraît appartenir à une époque reculée : elle est dépourvue de statues; la porte latérale, à sa gauche, paraît avoir un peu plus d'élégance. En contournant l'édifice, nous voyons d'abord à l'est quelques fenêtres et contreforts, puis des arcades simples; le chevet a quelques fenêtres geminées, même flamboyantes, des clochetons et des niches avec leurs Saints, puis sacristie très-modeste, large et haut pignon avec cadran. Le nord de l'église est peu ornementé : porte d'entrée ogivale, clocher assez réputé, mais amoindri par l'orage qui ne respecte pas les œuvres de Dieu. Revenons, mon fils, à la porte ouest et entrons dans le saint édifice. Cette église possède trois nefs; sa voûte n'est pas élevée, mais ses piliers paraissent bien assis et les arcatures assez multipliées. Trois autels dans le fond : le principal se distingue par son vitrail et son beau tabernacle surmonté d'un clocheton; les autels latéraux dédiés à la Vierge et à sainte Jeanne sont dignes d'être appréciés. Dans la nef de gauche et près de la sacristie, on remarque la chapelle des Corps-Saints, reliques offertes à l'église par Charlemagne, qui n'avait pas crainte de se piquer de dévotion, comme nos petits maîtres d'aujourd'hui. Cette chapelle possède un beau vitrail et les châsses des Martyrs qu'on porte en procession, chaque année autour de la paroisse. En face et près de la porte nord se trouve la chapelle du Sacré-Cœur, deux fêtes annuelles sont particulières à l'église Sainte-Eulalie : la fête des Corps-Saints et celle de sainte Jeanne. Cette dernière est très-fréquentée, et, dès le grand matin de la fête, on voit accourir vers l'église une foule de Jeanne, de Jeannette et de Jeanneton, avec de gros bouquets à la main et des immortelles décoratives, allant faire leur dévotion; cela fait rire les incrédules, mais il serait à désirer que nos heureux du siècle en fissent autant; la France s'en porterait mieux, et si elle existe encore, c'est grâce à nos pauvres d'esprit ! ! !

L'église Sainte-Eulalie possède quelques beaux tableaux et plusieurs souvenirs historiques. L'époque de sa fondation remonte au VII siècle; les barbares, ayant passé deux fois à Bordeaux, la détruisirent, et elle ne pût être reconstruite que vers la fin du XI siècle et consacrée comme église paroissiale en l'an 1173. En 1400, un bénéficier fit faire, en forme de lampe, le grand sanctuaire que nous remarquons aujourd'hui. La longueur du vaisseau, à l'intérieur, est de 50 mètres 80; sa largeur de 20 mètres 80, et sa hauteur centrale de 13 mètres. Sortons, mon fils, par la porte nord, toujours avec un saint respect.

Mon fils, voyez en face cette charmante demeure; elle nous semble sourire, car elle possède certains attraits qui nous attire vers elle : ne nous étonnons pas. C'est la maison du Pasteur; en plus, à droite et à gauche, jolis immeubles, s'élevant à la place de l'antique presbytère, où une tour carrée dominait mystérieuse, là s'étendaient des jardins ravissants ayant charmé la jeunesse de l'ancien serviteur Joffre, dont on aime à rappeler le souvenir.

Mon fils, abandonnons ces lieux et gagnons au plus tôt nos pénates; saluons la rue Pélegrin, traversons la rue Sainte-Eulalie, et entrons dans la voie de la Miséricorde; nous y serons bien. Remarquons avec plaisir la démolition d'une antique échoppe appuyée depuis des siècles contre cette vieille et longue muraille qui nous rappelle le vieux Bordeaux. Le côté Est de la rue est bâti depuis environ quarante ans, on trouve dans cette galerie la demeure de M. Laurendeau, un de nos astronomes bordelais. Après ladite rue, nous atteignons la place Henri IV, bien diminuée par la vente des terrains qui l'emplissaient. Il y a environ un demi-siècle, on voyait en ces lieux les débris de nos vieux remparts où s'étaient établis de pauvres diables vivant sous des toits informes. Hélas! la poule au pot d'Henri IV ne se trouvait pas là ! Tout s'est modifié depuis; on a enlevé ces vieux monticules : on a bâti des maisons sur l'alignement de la rue Henri IV et l'on a fait aussi la rue de la Miséricorde. Une petite place nous en est restée, et le nom du bon roi démocratique n'a pas disparu. La dite place sert maintenant aux charretiers qui attendent là leurs clients et la poule au pot; auparavant la place d'Aquitaine leur était affectée; mais MM. les cochers les en ont délogés : merci ! Plusieurs rues aboutissent en ce lieu, entre lesquelles la rue de Lalande, que nous revoyons avec plaisir. Mon fils, entrons dans son prolongement au sud et gagnons le cours d'Aquitaine, nous rappelant les fameux ducs de ce nom. Bien! voici la rue Leberthon, puis la rue Cornu. Saluons ici notre chère paroisse et recueillons-nous. Nous voici sur la route de Bayonne, puis à la Croix de Saint-Nicolas, vive la Croix! vive Saint-Nicolas! Mais, hélas! un triste tableau s'offre à nos regards : la rue Brian n'est pas encore devenue brillante, malgré les efforts de Mlle Denan, qui, la première, a tracé l'alignement par une charmante claire-voie renfermant un de ses gracieux immeubles, et puis nous sommes encore attristés en revoyant notre vieille école chrétienne non restaurée. Ah ! quand donc les améliorations ?....

Anne, ma sœur Anne, ne vois-tu rien venir? Non. — Anne ma sœur Anne, ne vois-tu rien venir? Non. — Hélas! moi je vois la Barbe-Bleue de la gêne et de la souffrance chasser de notre école nos pauvres enfants. — Anne, ma sœur Anne, ne vois-tu rien venir? Non. — Hélas ! la Barbe-Bleue de l'irréligion va pervertir les jeunes cœurs. — Anne, ma sœur Anne, ne vois-tu rien venir? Non. — Hélas ! la Barbe-Bleue de l'impiété va donner le coup mortel à notre jeune génération. Anne ma sœur Anne, ne vois-tu rien venir? Je vois..... je vois un tourbillon de poussière, puis une femme au front majestueux et aux mains pleines de trésors les répandant à chaque pas. — Anne, ma sœur Anne, que vois-tu encore? Une foule innombrable suivre cette femme et se prosterner devant elle. — Anne, ma sœur Anne, quelle est cette femme ? — Frère, c'est la religion bienfaisante désarmant ses ennemis et conciliant tous les cœurs par sa doctrine évangélique surabondante de charité. Mon fils, bénissons le Seigneur. Bientôt les murs de notre vieille école tomberont comme ceux de Jéricho, et se relèveront modestes, mais pleins de dignité.....

Mon fils, prenons le chemin de notre chère église. N'abandonnons jamais le culte de nos pères, sachons que là se trouvent la paix et le bonheur. Otez le christianisme de la carte morale de l'humanité, et il ne sera plus possible de s'orienter en ce monde; sans christianisme, point d'histoire, point de vérité, point de perfection morale, point d'harmonie, point de peuple heureux, point de salut véritable. Nous voici, mon fils, dans le saint lieu embelli par les soins de nos édiles sacrés et rajeuni par le pinceau d'un moderne Apelle. Bénissons ici la divine Providence de sa bienveillante protection pendant le cours de notre heureux voyage; bénissons aussi tous les amis rencontrés sur notre parcours; prions pour que la vie future leur soit propice, et que le Grand Saint Nicolas leur soit favorable; prions, aussi pour la France, notre chère patrie.

Mon fils, regagnons à petit bruit notre modeste demeure, où le silence règne par les vides du deuil et de l'absence, et n'oublions jamais que quelles que soient nos douleurs, il est un Père qui les calme, les adoucit et les charme, en vue de notre bienheureuse éternité, que nous souhaitons à nos aimables lectrices, ainsi qu'à nos sévères lecteurs.

FIN.

BORDEAUX — IMP. DE F. DEGRÉTEAU.